성경적세계관
Study Club 기본

KB191550

PLI 성경적세계관 Study Club 기본

초판 1쇄 발행일 2021년 2월 3일
초판 2쇄 발행일 2021년 2월 10일
초판 3쇄 발행일 2021년 2월 23일
초판 4쇄 발행일 2021년 9월 10일

지은이 이정훈
펴낸이 이선미
디자인 이루다
펴낸곳 PLI

출판등록 제2018-000027호
주소 부산 해운대구 센텀중앙로 97 센텀스카이비즈 A동 1607호(재송동)
이메일 elipli2019@gmail.com

ISBN 979-11-969879-3-0
ISBN 979-11-969879-2-3 (세트)

ⓒ 이정훈, 2021
이 책의 저작권은 저자와 PLI가 소유합니다.
저작권에 의하여 한국 내에서는 보호를 받는 저작물이므로
무단전재와 무단복제를 금합니다.

PLI 성경적세계관 Study Club 기본

이정훈 지음 | 이선미 엮음

목차

교재 사용법 가이드

1. 이 교재는 성경적세계관 스터디클럽 기본과정(10강)을 위한 것입니다.

2. 모든 강의는 ▶이정훈교수 채널에서 보실 수 있습니다.

3. 각 강의 시작 페이지에 해당 유튜브강의로 연결되는 QR코드가 있습니다.

4. 교재의 내용은 강의영상의 피피티와 질문, (질문에 대한) Guide로 구성되어 있습니다. 질문은 각 강의의 핵심을 파악할 수 있도록 만들어졌으며, Guide는 강의 해당 발췌부분과 해설로 구성하여 질문에 답을 할 때 참고할 수 있도록 하였습니다.

5. 해당 유튜브 강의를 시청하면서 먼저 질문에 답을 적어본 뒤 Guide를 참고해서 생각을 논리적으로 더 정리해 보세요. 반복적으로 들으면 더 명확하게 이해할 수 있습니다.

6. 질문에 대한 답을 할 때는 누가 물어도 대답을 할 수 있도록 개념을 숙지하도록 하세요. 자기 생각이 아니라 강의에 나오는 개념과 내용들을 근거로 먼저 정리를 하고, 그 뒤에 자신의 견해가 있다면 추가해 주세요. PLI는 개념탑재가 우선입니다.

7. 궁금한 점은 해당 유튜브 영상에 댓글로 달아주시면 유튜브에서 PLI Q&A코너를 마련하여 답을 해 드립니다.

들어가며

크리스천이 왜 세상에 선한 영향력을 끼치지 못하고 오히려 세상 사람들보다 못한 존재로 외면당하고 있습니까?

성경대로 살고자 하는 사람이 아니라 교회 다니는 사람, 일상의 삶은 신앙과 아무 관계없어도 교회 생활만 열심히 하면 되는 '삶과 분리된 신앙', 이것이 크리스천의 현재 모습이지 않습니까? 그동안 한국교회는 정치와 경제 같은 세상일과 담을 쌓고 기도와 말씀으로 무장할수록 더 훌륭한 믿음을 가진 것처럼, 세상과 동떨어진 신앙을 가르쳐왔습니다. 버려진 소금처럼 밟히고 세상에서 외면당하는 크리스천은 그 결과일 뿐입니다.

PLI의 성경적 세계관 교육은 3년 전, 그런 현실 속에서 시작되었습니다.

종교개혁의 위대함은 이전에 없었던 새로운 혁신을 추구한 것이 아니라, 삶 속에서 성경이 절대적 권위를 회복하는 신앙의 본질로의 회귀에 있습니다. 우리가 참 크리스천이라면 초교파적으로 성경의 무오류를 믿고, 성경의 권위를 삶 속에서 회복하는 신앙에 동의할 수밖에 없습니다.

16세기 종교개혁기, 가톨릭의 문제는 단순한 부패가 아니었습니다. 성경적이지 않은 미신이 판치는 것이 가장 큰 문제였습니다. 교회의 부패 문제를 앞세워 성도들을 교회로부터 멀어지게 만드는 기존의 개혁운동은 진정한 의미의 교회개혁이 아닙니다. 교회가 부패해도 좋다는 뜻이 아닙니다. 성경의 권위가 삶 속에서 회복되는 근본적인 개혁이 이루어지면 교회에 부패가 발붙일 수 없습니다.

크리스천에게 가장 중요한 것은 '하나님의 나라와 그의 통치'입니다. 그것은 바로 자신의 삶을 성경적으로 사는 것이며, 부르신 영역에서 빛과 소금의 사명을 감당하는 것입니다(마 5:13-16). 이런 관점에서 크리스천은 '성경적으로' 열심히 정치에 참여하고, '성경적으로' 열심히 경제활동을 해야 합니다. 종교의 자유를 억압하는 악법의 입법을 막고, 공적 영역에서 무신론과 유물론을 진리로 포장해 모든 사람에게 강요하는 정책을 막기 위해 노력해야 합니다. 이런 노력들은 표현의 자유와 종교의 자유와 같은 헌법이 보장하는 자유권의 수호와 확장, 그리고 자유민주주의의 발전을 위한 것입니다.

삶과 분리된 신앙만큼이나 위험한 것이 '하나님 나라'의 잘못된 적용입니다. 성경이 가르치는 '하나님의 나라'는 '이스라엘'과 같은 구약의 신정국가를 현대의 현실정치에서 추구하는 것이 아닙니다. 우리의 교리를 타인에게 법으로 강요하는 신정국가는 종교개혁 이후 종교의 자유가 보장되는 헌정과 자유민주주의를 이룩한 프로테스탄트 정신에 부합하지 않습니다. 또한 하나님 나라는 교회가 세속 정치를 컨트롤하는 중세 가톨릭식 정치 방식과도 상관이 없습니다. 오히려 교회의 타락을 부추긴 이런 방식을 개혁한 것이 바로 종교개혁입니다.

'하나님의 나라'는 어떤 정치인이 집권하는가의 문제와도 전혀 관계가 없습니다. 최근 한국과 미국에서 트럼프 대통령이 집권하는 미국이 '하나님의 나라'인 양 신앙의 대상이 되어 정치-사회적 문제를 일으키고 있습니다. 트럼프를 지지하면 선이고, 그에 반대하면 악이라는 이분법도 등장했습니다. 이런 이분법은 전혀 성경적이라고 할 수 없는 것입니다. 세속 정치는 단순히 선과 악의 이분법으로 정의할 수 없는 복잡다단한 것입니다. 일례로 기독교를 공인했다는 이유로 로마 콘스탄티누스 황제의 치세를 하나님 나라라고 부를 수 없으며 수많은 기독교인들을 순교하게 만들었다는 이유로 마르쿠스 아우렐리우스 황제의 치세를 악하다고 평가할 수가 없는 것입니다.

성경의 하나님 나라는 종말론적 긴장을 포함하고 있습니다. 그리스도께서 성육신하시고, 십자가에서 죽으시고, 부활하심으로써, 진정한 하나님 나라가 지상에서 시작되었고 예수님이 다시 오실 때 그 나라는 완성될 것입니다. 이 땅에 뿌려진 하나님 나라의 씨앗은 겨자씨처럼 미약해 보일 수 있습니다(막4:30-32). 그러나 우리는 다시 오실 예수님을 기다리며 각자의 십자가를 지고 예수님을 따르는 삶을 통해 이 땅에 하나님 나라를 확장해 가야 합니다.

'이미' 시작되었지만 그러나 '아직' 완성되지 않은 '하나님 나라'를 향한 갈망과 믿음은 주님 다시 올 때까지 크리스천이 놓쳐서는 안 되는 중요한 것입니다. 어떤 정권이나 세속 국가가 하나님 나라인 것이 아니라 부르신 각 영역에서 우리가 빛과 소금이 될 때 우리를 통해 이 땅에 임하는 것이 하나님 나라이며 우리는 그 하나님 나라가 더 확장되도록 쓰임을 받는 것입니다.

PLI의 성경적 세계관 교육은 바로 '하나님 나라와 그의 통치'가 이 땅에 임하고 확장되기를 갈망하는 모든 크리스천들을 위한 것입니다. PLI는 성경적 가치가 정치-경제-사회-문화 모든 영역에서 퍼져나가고 각자가 선 자리에서, 각자의 삶의 현장에서 성경적으로 살기를 갈망하는 여러분들과 함께 할 것입니다. 전국 곳곳에서 열심히 스터디를 인도해준 PLI 스터디클럽장님과 스터디원들, 그리고 이 교재가 나오기까지 함께 고생해 준 PLI 튜터, 김채린과 최지원 양에게 감사를 전합니다.

엘정책연구원(ELPI)
PLI(Political Leadership Institute) 대표,
울산대 교수, 법학박사 이 정 훈

성경적세계관
입문

성경적세계관
입문 기본1강

하나님이 이르시되 우리의 형상을 따라
우리의 모양대로 우리가 사람을 만들고
그들로 바다의 물고기와 하늘의 새와 가축과
온 땅과 땅에 기는 모든 것을 다스리게 하자 하시고
하나님이 자기 형상 곧 하나님의 형상대로
사람을 창조하시되 남자와 여자를 창조하시고
하나님이 그들에게 복을 주시며 하나님이 그들에게 이르시되
생육하고 번성하여 땅에 충만하라, 땅을 정복하라,
바다의 물고기와 하늘의 새와
땅에 움직이는 모든 생물을 다스리라 하시니라

(창 1:26~28)

〈입문 기본1강 수강을
위한 QR코드〉
카메라를 켜서
QR코드를 인식하면
해당 유튜브 강의로
이동합니다

영역 주권 : 크리스천의 본질적 정체성

스터디 목표 🔍 아브라함 카이퍼의 영역 주권을 이해하는 과정을 통해 크리스천이란 어떤 사람들인지 그 답을 찾아봅시다.

핵심 키워드 💡 #언약 #통치 #문화사명

아브라함 카이퍼

아브라함 카이퍼
1837-1920

네덜란드 마슬루이스 출생
신학자로서 암스테르담 자유대학교를 설립하고
네덜란드의 수상이 되었다

헤르만 바빙크·미국의 벤저민 워필드와 더불어
세계 3대 칼빈주의 신학자

카이퍼의 '칼빈주의 강연'

- 리처드 마우 Richard Mouw, 1940 -

아브라함 카이퍼가 1898년 미국을 방문시
프린스턴신학교의 스톤강연에서 했던
"칼빈주의 강연(Lectures on Calvinism)"을
우연히 접하였다

카이퍼의 확고한 칼빈주의에서
나는 내가 찾아 헤매던 것을 발견했다

질문 1 크리스천에게 정치가 왜 중요할까요? (정치를 경제, 법, 문화로 바꿔서도 생각해 봅시다.)

질문 2 카이퍼[1]의 영역 주권이 무엇인지 설명해 봅시다. 예수님을 찬양하는 것에 그치는 삶과 그분의 통치를 받아들이는 삶이 어떻게 다른지 얘기해 봅시다.

---

[1] 아브라함 카이퍼 (Abraham Kuyper). 네덜란드의 수상이자 신학자. 그가 주장한 일반은총과 하나님의 영역주권 사상은 개혁신학에 많은 영향을 줌. 그의 세계관과 철학을 신칼빈주의라고 부름. (두산백과)

카이퍼의 영역주권

구세주의 사랑을 경험한 것을 찬양할 뿐만 아니라
사회적, 정치적, 그리고 경제적인 삶의 모든 영역들을 다스리시는
예수 그리스도의 최고의 주권도 매우 중요하게 강조하였다

"만물을 통치하시는 그리스도께서 인류가 존재하는
모든 삶의 영역들 중 자신의 것이 아니라고 말씀하시는 영역은
단 한 평도 없다."

: 부르신 곳에서 헌신 - 대리 통치

질문 3 성경은 하나님의 언약[2]인 구약(Old Testament)과 신약(New Testament)으로 이루어져 있습니다. 하나님께서 인간과 맺으신 첫 약속인 창조언약에서 그의 백성인 우리에게 요구하시는 것은 무엇이었나요?

---

2) 데이비드 반드루넨, 『언약과 자연법』, 부흥과 개혁사, 2018, 언약(言約, covenant, testament). 하나님께서 인간과 인격적으로 맺으신 약속을 언약이라고 함. 창조언약, 노아언약, 은혜언약으로 나뉨. (노아언약을 은혜언약으로 분류하기도 함.)

질문 4 크리스천이 빛과 소금이 된다는 것은 어떤 것인지 (대리통치의 개념을 사용해서) 설명해 봅시다.

문화사명 - 땅에 충만하라/정복하라/다스리라 (창1:28)

- **피조물인 인간의 첫째 목적**
  : 하나님의 영광을 찬양하며 그 분을 영원토록 즐거워하는 것

- **하나님의 도덕적 통치는**
  창조질서와 창조목적대로 실현되는 것 → 나는 그 도구

- **죄는 하나님을 향한 윤리적 반역상태**
  (창조질서와 창조목적을 거스름)
  → 하나님을 대적하는 문화
  (ex.포스트모더니즘-도덕과 윤리해체)
  } 이 문화에 저항, 그것을 변화시키는 것

질문 5 크리스천의 문화 사명이란 무엇일까요? 세상 문화와 크리스천 문화의 다른 점을 생각해봅시다.

Guide 1 법정치, 경제, 문화 등은 삶의 방식을 규정합니다. 삶의 방식이 바뀌면 신앙과 믿음도 여기서 자유로울 수 없습니다.

> 정치가 얼마나 중요하냐면 예를 들면 종교편향방지법[3])이 있습니다. 이것은 크리스천이 공적 영역에서 선교를 못 하게 하는 법인데 이런 법이 제정되면 우리 삶의 방식이 바뀌어버리는 거예요. 그런데 사람들은 '우리 교회만 잘하면 되지 뭐' 이렇게 생각해요. 그러다가 중국 공산당 같은 이들이 집권하면 교회가 폭파될 수도 있습니다. 성경대로 믿음을 지켜가기 위해 법과 정치는 크리스천에게 상관없는 것이 아니라 아주 중요한 문제가 됩니다.

Guide 2

> 카이퍼 박사님이 말하는 영역 주권을 이해하는 것은 우리 크리스천에게 있어서 엄청나게 중요한 거예요. 내가 누군지, 나는 왜 사는지에 대한 강력한 답이 됩니다. 그것은 그리스도께서 나의 왕이심을 인정하는 것입니다. 내 삶의 모든 영역에서 그 분의 통치를 받아들이는 것입니다.
>
> 그런데 이것은 입으로만 하는 고백이면 안 되고 내 삶에서 그 분이 진짜 왕이어야 해요. 많은 크리스천들이 착각하고 있는 게 구세주의 사랑을 경험하고 찬양하고는 그게 다라고 생각해요. 이것은 크리스천으로서 너무 당연한 거예요. 이걸로 끝나면 안 됩니다. 그럼 뭐가 가능해야 하냐? 사회적, 정치적, 경제적인 삶의 모든 영역을 다스리시는 예수 그리스도의 절대 주권을 내 삶으로 받아들여야 해요. 내

---

3) 종교편향방지법. 공무원의 종교 편향을 금지하는 2008년 국가공무원법 및 지방공무원법 개정안. 종교자유정책연구원에 의해 기획되었으며 조계종 전국 26개 교구본사 주지 스님들이 시행 촉구 성명을 발표하여 추진됨.

삶의 주권자는 내가 아니라 주님이셔야 됩니다. "만물을 통치하는 그리스도께서 인류가 존재하는 모든 삶의 영역 중 자신의 것이 아니라고 말하는 것은 단 한 평도 없다." 이것은 카이퍼 박사님이 말씀하신 것인데, 나는 이것을 '바늘 하나 꽂을 자리가 없다'라고 표현해요. 절대 주권자는 예수 그리스도. 나는 왕이신 그분의 도구인 것이죠.

제가 이걸 알게 되면서 무릎 꿇고 엄청 회개했어요. 그러니까 예수님을 만났는데도 (감격과 찬양이 있는데도) 그분을 왕으로 받아들이지 않으면 여전히 내가 주인이에요. 집에서도 내가 주인이니까 매번 부부싸움을 하죠. 그런데 '내 주인이 누구시냐?' '우리 집의 주인이 누구시냐?' '내가 아니고 예수님이시다' 이러니까 집 안에 평화가 찾아와요. 그리고 사랑이 싹터요. 그러니까 내가 서있는 자리, 여기의 주권자는 누구예요? 바로 예수님이에요.

Guide 3   하나님은 언약으로 하나님의 백성과 관계를 맺으시기에 언약을 이해하는 것은 크리스천의 신앙에서 핵심적입니다. 언약을 주시며 하나님이 인간에게 부여하신 책무[4]는 하나님께서 인간에게 원하신 것, 즉 우리가 하나님의 자녀로써 어떻게 살아야 하는지와 같은 크리스천의 본질적인 정체성을 알려줍니다.

하나님께서는 당신의 통치를 받는 우리가 이 땅을 다스리기를 원하셨습니다. 창세기 1장 26~28절에서 하나님은 아담에게 이 땅을 정복하고 다스리라는 위임통치의 명령를 주십니다. 그러나 아담은 다스려야 할 뱀을 다스리지 못했고 오히려 뱀에게 지배당해 하나님께 반역함으로써 하나님과의 언약을 깨뜨리게 됩니다.

그 이후 하나님은 인간과 은혜언약을 맺으셨고 그 은혜언약 안에서 구약(Old Testament)과 신약(New Testament)의 역사가 전개되었

---

4) 언약의 조건: "네가 ~~하면 내가 ~~하리라"에서 인간에게 요구한 부분에 해당

습니다.[5] 예수님의 구속을 통해 하나님의 백성으로 다시 회복된 크리스천은 하나님과의 언약 위에 삶을 새롭게 세워야 합니다. 우리는 예수님의 통치를 받으며 부르신 곳에서 그곳을 대리 통치하도록 위임받았습니다. 자신이 선 자리에서 빛과 소금의 역할을 해야 할 책무(카이퍼가 얘기하는 문화 사명)가 크리스천에게 주어진 것입니다.

66

말씀 중심의 신앙이라는 것을 깨달으면 전기가 찌릿찌릿 옵니다. 저는 예수님을 만나고서 예수님을 나의 왕이라고 고백하며 창세기를 다시 읽을 때 정말 죽는 줄 알았어요. 너무 은혜를 받아서. 하나님께서 우리를 창조하시고 우리에게 에덴을 잘 관리하라는 임무를 주시죠. 그러나 우리는 하나님께 반역합니다. 이게 이해가 돼야 해요. 성경 중심의 참 신앙인의 관점에서 칼빈과 아브라함 카이퍼를 중심에 둔다는 뜻은 하나님의 언약을 중심으로 모든 내 존재와 나를 둘러싼 세계가 다시 세팅된다는 거예요. 그러니까 만약 여러분이 아담이었다면, 에덴 동산을 다스려야(통치해야) 하는 거예요. 뱀이 나와서 "하나님이 하지 말라는 것을 하자~" 라고 했을 때 "물러가라" 하며 쳐 버려야 해요. 다시 말해 하나님께서 우리에게 대리통치를 하라고 위임하신 것이 결국 언약이고[6] 반대로 뱀 편에서 하나님을 대적해 버리는 것은 반역인 겁니다. 이 반역이 바로 죄의 본질이에요. 그리고 그리스도를 통해서 이게 회복되는 거예요.

99

66

피조물인 인간의 첫째 목적은 하나님의 영광을 찬양하며 그분을

5) 로버트 쇼, 『웨스트민스터 신앙고백 해설』, 생명의 말씀사, 2017, pp. 161-175.
6) 데이비드 반드루넨, 『언약과 자연법』, 부흥과 개혁사, 2018, p. 120.

영원토록 즐거워하는 거예요. 그리고 우리는 하나님의 도덕적 통치가 임하시게 하는 도구가 되어야 하는 거예요. 하나님의 도덕적 통치란 창조질서와 창조목적을 실현하는 것을 뜻해요. 그렇다면 통치, 거번먼트(government)의 본질은 어디서 올까요? 우리가 반역하지 않았다면 원래는 하나님으로부터 통치가 옵니다. 그리고 내가 그 도구가 되는 거예요. 이것이 정상적으로 실현될 수 있도록 하나님의 도덕적 통치가 임하시게 하는 도구가 되는 것을 내 사명으로 밀어붙이는 거예요.

그래서 중요한 건 우리가 부르신 곳에서 헌신하고 대리통치를 해야 해요. 그 의식이 박히면 부르신 곳 어디서나 빛과 소금의 역할을 하는 거예요. 저도 대리통치에 대한 의식이 박히면서 태도가 바뀌었어요. 전에는 회심했는데도 불구하고 건방을 떨고 짝다리를 짚고, 우리 대학 정문을 들어갈 때는 '내가 여기에 근무해주는 것이 너희들 복이다'라고 생각하면서 교만하게 행동했어요. 그런데 주님이 왕이시다라고 고백하니까 눈물을 흘리며 우리 학교를 위해서 기도하게 되고, 제자들이 다 사랑스럽고, 나를 이곳에 있게 하신 하나님의 은혜를 느끼고 사람이 바뀌게 된 거예요. 모든 것이 은혜임을 깨달으면 이렇게 되는 거예요. 제가 재벌이 세운 우리 학교를 위해서 기도를 한다고 하면 "재벌이 잘 되라는 거예요?"라고 얘기하는 사람들이 있어요. 네, 저는 학교를 위해서 기도해요. 재벌이든 누구든 잘 되라고. 그리고 우리 학생들을 위해서 기도합니다. 그게 나쁜 놈인가요? 아니요, 그게 제정신이에요. 우리는 우리를 부르신 곳, 그 어디에서나 이런 빛과 소금의 역할을 해야 하는 거예요.

99

---

7) 바벨탑(Tower of Babel). 『구약성서』「창세기」 11장 1~9절에 기재된, 인간들이 하늘에 닿기 위해 쌓은 높고 거대한 탑. 인간의 오만함을 상징. (미술대사전, 한국사전연구사)

8) 포스트모더니즘(post-modernism). 1960년에 일어난 문화운동이자 정치·경제·사회의 모든 영역과 관련되는 한 시대의 이념. 미국과 프랑스를 중심으로 시작되었으며 절대이념을 거부하고 해체(Deconstruction) 사상으로부터 비롯된 개성·자율성·다양성·대중성을 중시함. (두산백과)

22

세상 문화	크리스천 문화
하나님을 대적 – 죄 – 윤리적 반역 (도덕과 윤리해체) – 창조질서와 창조목적 부정의 문화(예:동성애)	하나님 따르는 삶 – 예수님을 왕으로 받아들이고 통치받는 삶 – 하나님을 대적하는 문화 현상에 저항 – 하나님을 찬양하고 즐거워하는 창조 목적과 창조 질서를 반영하는 문화 사명

Guide 5

> 창세기 3장 이래로 두 가지 길밖에 없어. 그리스도를 통해서 회복되어서 오직 예수님이 왕이시라고 고백하고 하나님을 따르는 삶과 그것을 대적하는 삶.
>
> 여기서 주의해야 할 것은 인류가 가진 죄성이 반역을 지상에서 실현한다는 겁니다. 바벨탑[7]을 쌓고 어떻게 해서든 하나님을 대적해요. 그리고 그 대적 상태를 문화로 만들어서 강화해요. 그러니까 죄는 윤리적 반역 상태인데, 포스트모더니즘[8]의 물결은 도덕과 윤리를 해체합니다. 그러므로 거기에 저항해야 해요. 문화적 불순종이 곧 반란입니다. 이러한 세상 속에서 우리의 역할은 우리가 세상에 살지만, 우리의 주권자는 예수님이고 우리는 세상에 속한 자가 아니므로, 그 반역의 흐름 속에서 내 존재를 걸고 하나님을 대적하는 모든 문화적 현상에 저항해서 그 흐름을 바꾸는 거예요. 카이퍼 박사님이 한 마디로, '문화 사명'이라고 표현해요. 그래서 정복하고 다스리라는 하나님의 명령이 인간이 왕이 되거나 누구를 노예로 삼는 게 아니라, 자기가 서 있는 지금 그 자리의 문화를 뒤집는 거예요. 그 역할을 해야 해요.
>
> 아브라함 카이퍼 박사님이 명확하게 말씀하신 게 "땅에 충만하라"라고 하는 그 말씀이 문화 사명으로 실현되는 거예요. 그러니까 '충만하다'라는 의미는, 우리가 하나님이 주신 창조목적에 부합하게 절대 주권자이신, 왕이신 주님의 도구로서 대리통치를 하는 그 자로서 살아내는 그 구조를 설명해요.

성경적세계관
입문 기본2강

~

너희는 세상의 소금이니
소금이 만일 그 맛을 잃으면 무엇으로 짜게 하리요
후에는 아무 쓸 데 없어
다만 밖에 버려져 사람에게 밟힐 뿐이니라
너희는 세상의 빛이라
산 위에 있는 동네가 숨겨지지 못할 것이요
사람이 등불을 켜서 말 아래에 두지 아니하고 등경 위에 두나니
이러므로 집 안 모든 사람에게 비치느니라
이같이 너희 빛이 사람 앞에 비치게 하여
그들로 너희 착한 행실을 보고
하늘에 계신 너희 아버지께 영광을 돌리게 하라

(마 5:13~16)

〈입문 기본2강 수강을
위한 QR코드〉
카메라를 켜서
QR코드를 인식하면
해당 유튜브 강의로
이동합니다

크리스천이 세상을 이기는 법

스터디 목표 🔍 세속화된 신앙과 영역주권을 적용한 삶에 대해
이해해봅시다.

핵심 키워드 💡 #회복된문화 #포스트모더니즘 #코람데오

두 가지 길 : 회복 vs 타락

회복된 문화

창조와 구속의 연속성
구속은 (창조의) 회복
: 알버트 월터스의 개혁주의 세계관
「Creation Regained」
그리스도로 말미암아 성취된 구속이
타락으로 입은 상처를 치유
ex) 공화제의 비지배
→ 그리스도는 통합을

타락한 문화 창11:4

ex) 포이어바흐의 인간소외,
마르크스 레닌의 공산혁명

→ 포스트 모더니즘은 해체를

질문 1 회복된 문화와 타락한 문화의 차이는 무엇인가요?

질문 2 　자신도 모르는 사이에 빠져 있었던 "OO주의(~ism)"가 있는지 살펴봅시다.

'~~주의'는 우상숭배

가정에서 성역할을 허무는 것은 행복한 시도
저녁에 야구를 즐길 수 있다

BUT
광적 다저스주의, 급진적 폭력적 페미니즘?

질문 3 기독교의 세속화란 무엇인가요?

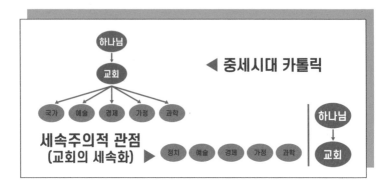

모든 삶의 영역 중 자신의 것이 아니라고 말씀하시는 곳은
단 한 평도 없다

모든 문화의 영역들은
코람 데오(coram deo)
즉, 하나님 앞에 서 있는 것이다

질문 4 내 삶에 영역주권을 구체적으로 적용한다면 어떻게 될까요? 내 삶에 '하나님 앞에(코람 데오)'를 적용한 예를 구체적으로 들어서 설명해봅시다.

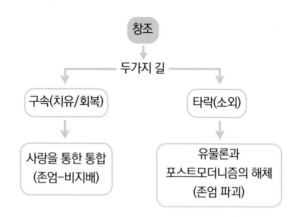

회복된 문화와 타락한 문화의 차이는 정치제도에서도 극명하게 살펴볼 수 있습니다.

하나님이 창조하신 한 인격은 너무 소중하기 때문에 누구도 그 인격을 지배할 수 없습니다. 공화주의[9]는 권력을 분립시켜(체크앤밸런스[10]) 법에 의해서 허용되는 권력만을 행사하게 함으로써 어떤 인격도 지배당하지 않고(=비지배 원리[11]) 그 안에서 통합이 이루어져 인간의 자유를 보장하는 정치제도를 만들었습니다.

그에 비해 유물론[12]에서 나온 공산주의는 인간의 존엄을 파괴하고 사회구성원들이 철저하게 소수 권력에 지배당한 역사를 가지고 있습니다. 공산주의 사상은 신좌파의 사상으로 이어지는데 신좌파는 해체를 부르짖기만 할 뿐 해체된 뒤의 사회에 대한 답이 없습니다. 결국 인간을 인간답게 하는 윤리와 규범(법)이 해체된 사회는 인간이 해방되는 게 아니라 해체를 부추긴 악한 통치세력(집단)에 의해 장악되어 비인간적인 지배를 받는 결과를 초래하게 됩니다.

---

9) 공화주의(共和主義, republicanism). 사적(私的) 이익보다 공공(公共)의 이익을 우선하는 자립적인 공민이 정치의 주체가 되어야 하며 또한 국가는 그러한 공민적 덕(civic virtue)이 없으면 존재할 수 없음을 강조하는 정치적 이데올로기. (21세기 정치학대사전, 한국사전연구사)

10) 체크앤밸런스(checks and balances). 국가권력을 분리하여 상호 견제·억제하게 함으로써 국가 질서의 균형 있는 안정을 이루도록 하는 통치원리. (두산백과)

Guide 2 OO주의는 일종의 세계관(view)에 해당하는데, 크리스천이라면 자신이 가지고 있던 view들이 성경에서 말하는 view로 변화되어야 합니다. 예를 든 유교주의(유교적 성역할), 페미니즘 등도 크리스천에겐 성경에서 말하는 세계관보다 앞설 수 없습니다. 크리스천이면서도 성경적이지 않은 view를 고집하고 그것에 집착한다면, 그것이 바로 하나님보다 높아진 우상에 해당하기 때문입니다.

> 66
>
> 카이퍼 박사님이나 마오 박사님이 강조하는 것 중에, ~주의(~ism) 만드는 것을 인간이 좋아한다는 점인데, 이것이 우상숭배의 죄성과 맞아떨어져요. 마오 박사님이 예로 드는 게 광적 다저스주의예요. 퇴근하고 크리스천들이 편안하게 야구게임 즐길 수 있잖아요. 그런데 다저스 광팬이 되어서 팩소주 먹고 경기장을 기어오른다든지 이런 짓을 하면 안 된다는 거예요. 그러니까 우리가 가고자 하는 길이 있고, 쟤네들이 가고자 하는 길이 있는데, 저쪽 길은 꼭 이런 걸 강조해요. 무슨 '주의'로 만들어서 사람들을 미치게 만들고 우상숭배를 시켜서 하나님을 향한 마음의 중심을 잃게 하는 거죠.
>
> 99

Guide 3

> 66
>
> 기독교의 세속화는 교회와 세상을 분리하는 현상인데, 교회와 세상을 분리하고는 "우리 교인들은 참 착해요~ 우리는 교회 밖의 일에는 신경 쓰지 맙시다."하고 교회를 힐링캠프로 만들어요. 그러니까 교회 밖에서는 어떻게 사는지의 문제가 교회와 관계가

---

11)비지배 원리(Non-domination). 타인의 의지에 종속되지 않으면서 자기 자신의 의지에 따라 살 수 있는 자유가 주어진 지배의 부재를 의미함. (두산백과)

12)유물론(唯物論, materialism). 물질을 제1차적·근본적인 실재로 생각하고, 마음이나 정신을 부차적·파생적인 것으로 보는 철학설. (두산백과)

없어요. 좋은 교인은 교회에 예배드리러 잘 오고 헌금 잘 내고, 그러다가 자기 직장에 가면 신앙이랑 삶이 아무 관계없이 살아도 돼요. 그게 세속화예요. 세속화 정도가 아니라 저는 미쳤다고 얘기해요. 크리스천이 아니에요. 이런 상태가 되면 크리스천이 아무 능력도 힘도 없어요. 가정을 이루고, 경제 활동을 하고, 예술을 하고, 정치를 하는데 이 안에서 나의 신앙과 나의 활동이 아무 관계가 없다면? 이것은 제대로 된 크리스천이 아닌 거죠.

Guide 4

　모든 삶의 영역 중에 자신의 것이 아니라고 말씀하시는 곳은 단 한 평도 없다고 했죠. 모든 문화영역은 코람데오야. 하나님 앞에 서있는 저 모델이 우리가 추구하는 거예요. 하나님이 각 영역을 주권자로서 직접 통치하시는 거예요. 나는 거기에 대리자로 서서 그 영역에서 빛과 소금이 되는 거예요. 이게 정치가에게만 해당하는 것이 아니라, 학교의 교사이든 빵집을 하든 다 통해요.

　위그노[13]는 프랑스에서 칼빈주의 신앙을 머리로 하는 게 아니라 삶으로 해내는 분들인데, 너무 박해하니까 해외로 탈출합니다. 당시에 영국이 산업혁명을 하는데 양털은 많고 방적기가 없었습니다. 그럼 기계공학의 참 엔지니어 위그노가 박해를 피해서 영국으로 가서 방적기[14]를 만들어서 돌리는 겁니다. 독일이 차를 어떻게 잘 만들게

---

13) 위그노(Huguenot). 프랑스의 칼빈주의 신교도를 경멸적으로 일컫는 말. 주로 경제적으로 압박을 받던 중산 계층의 사람들이었으며 사회층으로서는 지식인과 함께 수공업자에게 널리 침투함. (종교학대사전, 한국사전연구사)

14) 방적기(紡績機, spinning machine). 방적에 사용되는 기계. 실을 만드는 기계. 옛날에는 손으로 돌리는 물레가 사용되었으나, 18세기경부터 방적기계가 잇달아 고안되어 나옴. (두산백과)

되었어요? 엔진이 차의 심장 아닙니까? 위그노가 독일로 가니까 최고의 차가, 벤츠가 나와요. 최고의 시계도 만들어내. 스위스에서 위그노가 한 거예요. 결국 위그노들이 당대의 최고의 기술자이자 지식인들이에요. 왜냐면 하나님 앞에서 포기가 없어요. 이 사람들이 참신앙으로 자기 비즈니스를 일궈내니까 부흥이 되고 풍요해. 그런데 이 사람들의 특징이 절대로 사치 향락[15]을 안 해요. 그래서 제가 강조하는 게, 좋은 교회 하나만 있으면 그 도시가 바뀌어요. 이게 우리가 진정으로 세상을 바꾸고 문화를 변혁시켜 버리는 방법이에요.

강원도 춘천에 가면 빵집이 하나 있는데, 이분이 뭐만 하면 망하는 분이었습니다. 지금은 엄청나게 훌륭한 빵집을 하시는데, 이분이 바로 "하나님 앞에서"를 실천하는 분입니다. 그래서 빵을 만드는데, 내 아이가 못 먹는 것은 절대 안 만들어. 맛있게 만들려고 이상한 것을 넣으면 사람들은 좋아하겠지. 그런데 하나님 앞이잖아, 그럴 수가 없어. 여러분이 집에서 많이 해봤겠지만, 재료를 좋은 것만 넣으면 맛이 없어. MSG가 들어가야 해. 그런데 이분은 빵을 만들 때 좋은 재료만 넣으니까 맛이 없네. 그런데 위그노들은 이 난관을 돌파해요. 포기가 없어요. 그러니 기술의 진보를 이루는 거예요. 이게 축적의 시간을 만들어낸다 그 말이에요.

---

15) 사치 향락(奢侈 享樂). 필요 이상의 돈이나 물건을 쓰거나 분수에 지나친 생활을 하고 육체적인 쾌락에 심취하며, 사치스럽고 방탕하게 사는 것을 일컫는 말. (두산백과)

성경적 세계관
경제

성경적세계관
경제 기본1강

~

우리가 너희와 함께 있을 때에도 너희에게 명하기를
누구든지 일하기 싫어하거든 먹지도 말게 하라 하였더니

(살후 3:10)

〈경제 기본1강 수강을
위한 QR코드〉
카메라를 켜서
QR코드를 인식하면
해당 유튜브 강의로
이동합니다

크리스천의 직업관

스터디 목표 🔍 '소명과 예정'이 청교도[16]의 직업관을 어떻게 형성했는지 설명해봅시다.

핵심 키워드 💡 #소명과_예정 #성경적_직업관 #물신주의

질문 1   자본주의에 대해서 평소 어떤 생각과 느낌을 가지고 있었는지 얘기해 봅시다. 무소유에 대해 어떻게 생각하고 있었는지 얘기해 봅시다.

---

16) 16세기 말 영국 교회에 반항하여 일어난 프로테스탄트의 한 종단. (민중국어사전)

프로테스탄트 윤리와 자본주의 정신

막스 베버
정치가

막시밀리안 카를 에밀 베버(Maximilian Carl Emil Weber)
또는 막스 베버 (Max Weber, 1864년 ~ 1920년)
칼 마르크스, 에밀 뒤르켐과 함께 현대 사회학을 창시한
사상가, 독일의 사회학자이자 정치경제학자
독일 에르푸르트에서 국회의원 아들로 태어나서
하이델베르크대학, 베를린대학 등 4개의 독일대학에서 공부

프로테스탄트 윤리와 자본주의 정신

원래 법학도였으나 관심을 넓혀 역사, 경제, 정치,
법제도, 종교, 철학, 예술 등을 공부했으며
거의 모든 인문·사회과학적 현상들을
자신의 인식지평 안으로 끌어들여 이 현상들의
사회학적 분석에 필요한 이론과 개념 구축

질문 2 딸깍발이 정신으로 대표되는 유교적 직업관이 직업을 대하는 우리의 태도에 어떤 영향을 미쳤는지 얘기해봅시다. 종교개혁의 전통이 있는 곳에선 천한 직업을 가진 것을 부끄럽게 생각한 것이 아니라 일하지 않는 것과 주어진 일을 잘 하지 못하는 것을 부끄럽게 여겼습니다. 자신의 직업관은 어떤지 살펴봅시다.

17C 칼빈주의를 기반으로 청교도 등장

리차드 벡스터 "일하지 않은 자 먹지도 말라"(살후 3:10)
즉흥적이고 무계획적인 노동이 아니라
일생 동안 직업을 통해 체계적이고 합리적으로 행하는 노동
부 자체의 추구가 아니라, 부의 축적을 통해 하나님 나라의 건설에 기여

빈곤과 결핍은 전지전능한 하나님을 욕되게 할 뿐,
부의 축적은 "하나님의 더 큰 영광을 위하여"
인 마요렘 데이 글로리암(in majorem Dei gloriam)

질문 3　자신의 직업을 소명(召命)으로 여겼던 청교도들은 어떤 방식으로 일을 했는지 그 특징에 대해 설명해봅시다.

질문 4　부의 축적을 나쁜(부도덕한) 것으로 생각한 적이 있는지 반추해 봅시다. 자본주의에 대한 정확한 이해가 없으면 부(재물) 자체에 집착하는 물신주의를 자본주의로 오해해서 빈곤과 무소유를 크리스천의 덕목인 것처럼 착각하게 됩니다. 크리스천은 부(재물)를 어떻게 바라보아야 하나요?

38

질문 5 종교개혁 이후에 더 이상 성직자가 (면죄부와 같은 것으로) 구원에 대한 확증을 줄 수 없게 되자. 청교도들은 자신의 삶이 지속적으로 하나님의 은혜 안에 있음을 체크함으로써 자신이 예정된 자임을(구원받은 자임을) 확증하고자 했습니다. 성화된 삶과 덕 있는 행실이 어떻게 예정과 연결되는지 설명해 보세요.

성화된 삶과 덕있는 행실

덕있는 행실은 죄성을 지닌 인간에게 매우 어려운 일이다
덕있는 행실로 예정된 구원을 바꿀 수는 없지만

지속적으로 덕있는 행실을 유지하는 자는
하나님의 은혜와 역사 없이는 불가능하다

고로 자신의 삶을 체계적으로 조직해서
살아가는 사람은 구원받은 자가 틀림없다

질문 6 소명과 예정은 청교도의 직업관을 어떻게 만들어갔나요? 가이드 6 의 참고문헌 요약내용[17]을 참고해서 체계적인 노동, 부의 추구, 덕 있는 행실이라는 3가지 기준으로 정리해보세요.

---

17) 막스 베버, 『프로테스탄트 윤리와 자본주의 정신』, 현대지성, 2018, pp. 20-23.

Guide 1

"

그래서 제가 부산PLI 강의하려고 택시 탔더니, 기사님이 요즘 유튜브에서 은혜받는 분이 나타나셨대, 그래서 난 줄 알고 좋아했는데, 내가 아니었어. 그러면서 무소유를 실천하는 분이 나타나서 너무 은혜를 받는대. 그래서 법정 스님[18]이야기를 하시나? 그러니까 깜짝 놀랐어요. 무소유를 실천하는 사람이 좋은 크리스천이에요? 뭐야 이게 어떻게 된 거야?

그러면서 제가 또 뭘 봤냐 하면, 제가 어디서 글을 읽다가 이 교계에서 유명한 분이신데, "교회가 자본주의화 되고 있다" 비판을 하고 계시더라 이겁니다. 레프트에 계신 분인데, 그래서 제가 충격을 받았어요. 자본주의가 교회에서 나왔는데 교회가 자본주의화 된다니 그게 뭔 말이야 도대체. 이분은 '물신주의'하고 '자본주의'도 구분하지 못 해. 그러니까 그게 무슨 이야기냐 하면, 크리스천이 주도해서 건전한 자본주의를 이끌어나가야 하는데, 크리스천 본인이 자본주의가 뭔지 모르는데 어떻게 이끌어나가요. 그러니까 망하는 거야. 자본주의가 교회에서 나왔는데, 반자본주의적인 게 교회랑 양립이 돼요?

"

Guide 2

"

17세기에 칼빈을 기반으로 청교도들이 등장하는데, 일하지 않는 자 먹지도 말라. 이 이야기 누가 한 줄 아세요? 리처드 백스터[19]라는 청교도의 뛰어난 리더이신 분이 한 말이에요. 이게 딱 청교도를 말해주는 거예요. 너 일하기 싫냐? 그럼 먹지 마.

---

18) 법정(法頂, 1932~2010). 한국의 승려이자 수필 작가로 대표적인 수필집으로 『무소유』, 『오두막 편지』 등이 있음. (두산백과)

19) 리처드 백스터 (Richard Baxter, 1615~1691). 영국의 청교도파 목사이자 저술가. 성공회와 청교도 중간에서 조정을 시도함. 그의 명저 『성도의 영원한 평안』은 5년간 5판을 중간할 만큼 환영받음. (두산백과)

   그러니까 제가 회심한 뒤에 대학에서 보직할 때, 뭐에 중점을 뒀냐 하면, 지역에 괜찮은 중소기업들이 있었어요. 그러나 우리 학생들은 몰라. 그래서 서로 정확한 정보를 주고 매칭시키자. 동아리처럼 만들어서 기업들이랑 붙여주는 거야. 애들이 선택하면 기업도 걔들을 뽑을 수가 있잖아. 그래서 캠퍼스에 모여 이걸 해결하자. 우리 과 애들도 막 취직했어요. 그랬더니 시니어 교수들이 그걸 막 비판하는 거야. "이런 사업을 왜 벌입니까?" "왜요? 애들 취직도 시키고, 기업도 좋고, 애들도 좋고, 좋지 않아요?" 그랬더니 뭐가 불만이냐면, "그런 데(중소기업에) 우리 애들을 보냅니까?" "4년제 나와서 그런 데 갑니까?" "그런 데가 어떤 덴데요? 좋은 회사인데요." 그때 깨달았어요. 맨날 평등, 계급의식 타령하는 자들이 사농공상의 유교적 마인드로 딱 짜여 있구나. 그래서 제가 그랬습니다. "30살 넘어서 아버지한테 용돈 받는 건 창피하지 않은 데 땀 흘려 일하는 걸 창피하게 여기는 그 썩어빠진 정신부터 고쳐야 합니다." 우리가 신앙을 제대로 갖고 있으면 땀 흘려 일하는 게 창피한 게 아니고. 나이 먹어서 아버지께 용돈 받는 게 창피한 겁니다.

   그래서 제가 학생들 정신교육을 다시 했어요. "직업 자체를 부끄러워하는 미친 짓을 하지 말아라." 예를 들면 우리 어릴 때 "누구네 아버지는 똥퍼요." 맨날 이랬잖아. 직업으로 사람을 놀리는 거 자체가 저급한 거예요. 근데 종교개혁의 전통, 칼빈주의 전통이 있는 지역에서는 그런 게 없어요. 당당하거든. 그러니까 굴뚝 청소부나 변호사나 교수나 뭐? (차이가 없어요.) 그런데 뭘 창피해하냐면, 똥을 푸는 게 창피한 게 아니라 똥을 잘 못 펴. 자신의 직업에서 제대로 못하는 게 창피한 거예요.

Guide 3

   청교도는 즉흥적이고 무계획적인 노동을 싫어합니다. 그래서 제가

42

일본에서 방문교수를 할 때, 대학원생 어떤 애가 그러는 거예요. "요새 후리타[20]가 유행입니다." 후리타 뭔지 알아요? 후리타? 알바로 사는 거예요. 거긴 페이가 좋으니까 알바 세 탕 뛰면 회사 생활 하는 거보다 나아요. 회사는 인간관계 피곤해. 그리고 뭐도 해야 하고 복잡해. 그런데 알바는 깔끔하게 시간당 일만 하면 되잖아. 그래서 젊은이들이 명문대학 나와서 후리타생활을 해. 그래서 어떤 애가 나한테 "교수님, 저도 그러렵니다." 그런데 대학원[21]은 왜 다녀? 좋은 데 취직해서 기여를 해야지. 그러면서 절대 안 된다고 하면서 이 얘기를 해줬다. (일생 동안) 직업을 통해서 체계적이고 합리적으로 행하는 노동으로 가야 한다. 어렸을 때부터 나의 소질이 뭘까 잘 정해야 해. 그리고 체계적으로 가야 해.

Guide 4

부 자체를 추구하는 게 아니라 부의 축적을 통해서 하나님 나라의 건설에 기여하는 겁니다. 빈곤과 결핍이 전지전능한 하나님을 욕되게 한다는 거죠. 부의 축적은 하나님의 더 큰 영광을 위하여. 부 자체가 나쁜 게 아니고, 부가 목적이 되면 안 돼. 우리를 해방시켜 주신 분이 예수님이잖아요. 돈의 종노릇 하고 뭐의 종노릇 하고 여기에서 풀어주셨는데, 돈의 종노릇 하면 안 되죠. 그러면 물신이 돼. 또 부를 경시하는 게 아니라 부 자체가 목적이 되면 안 되는 거죠. 부를 축적하는 거는 우리에겐 중요한 건데, 왜 축적하냐면 하나님의 더 큰 영광을 위해서 축적해야 해요.

---

20) 프리터(freeter). 자유(free)와 아르바이터(arbiter)를 합성한 신조어로 일본에서 1987년에 처음 사용됨. 아르바이트나 파트타임으로 생활을 유지하는 사람들을 가리키는 말. (매일경제, 매경닷컴)
21) 대학원의 설립목적은 연구·교육에 종사하는 최상층의 교육기관으로 교수와 전문가 양성을 통하여 문화발전에 기여함을 목표로 규정되어 있음. (두산백과)

uide 5

66

성화된 삶과 덕 있는 행실, 이게 예정하고 연결됩니다. 덕 있는 행실이 죄성을 지닌 인간으로선 매우 어려워요. 애덤 스미스[22]가 사람은 이기적 존재라 그랬죠. 그러니까 우리는 사람이 어떤 존재인지 알아요. 전적부패[23], total depravity! 여기서 시작하는 거죠. 그런데 인간이 이기적이고 쓰레기인데, 어떻게 덕 있는 행실을 보여줄 수 있냐는 거예요. 불가능하죠. 그러니까 무슨 얘기냐면 지속적으로 덕 있는 행실을 유지하는 자는 하나님의 은혜와 역사 없이는 불가능해. 이게 그냥 필이 팍 오는 거야. 은혜 안에 있어야 이게 지속돼. 외식도 한계를 느껴. 그래서 자신의 삶을 체계적으로 조직해서 살아가는(일하는) 사람은 "저 사람, 구원받았나 보다" 스스로 알게 되는 겁니다. 은혜 안에서, 하나님의 역사 속에서 사니까.

99

uide 6 『프로테스탄트 윤리와 자본주의 정신』 pp. 20~23. 요약

66

청교도들은 체계적인 노동, 부의 추구, 덕 있는 행실을 전면에 부각시켰다. 금욕주의적인 개신교도들은 부 자체를 추구한 것이 아니라, 부의 축적을 통해 하나님 나라의 건설에 기여하고자 했다. 그들은 하나님의 예정이 아무리 인간으로서는 알 수 없는 것이라고 할지라도, 전지전능한 하나님은 자신이 구원으로 예정한 자들에게 이 땅에서 어떤 식으로든 은혜를 베풀고 도울 것으로 생각했다. 그들은 구원의 표지 3가지를 정했다.

---

22) 애덤 스미스 (Adam Smith, 1723~1790). 영국의 정치경제학자·도덕철학자로 고전경제학의 창시자. 근대경제학, 마르크스 경제학의 출발점이 된 『국부론』을 저술함. (두산백과)

23) 전적부패(全的腐敗, total depravity), 또는 '전적타락'(全的墮落). 하나님 앞에서 인간은 아무런 공적(功績)을 갖고 있지 않음을 나타내는 신학적 용어. (교회용어 사전: 교리 및 신앙, 생명의말씀사)

첫 번째는 "조직적인 노동"이다. 직업 노동을 지속적이고 조직적으로 해내기 위해서는 비상하고 극단적인 노력과 절제가 요구되었는데, 그런 노동을 해내는 힘은 오직 전지전능한 하나님으로부터 올 수 밖에 없기 때문에, 그런 노동을 해낼 수 있는 사람은 대단한 신앙을 갖고 있어서 하나님으로부터 복을 받은 사람이라고 생각했다. 따라서 대단한 노력과 절제가 요구되는 노동은 하나님과의 관계가 어떠한지 보여주는 시금석으로 여겨지게 되었다.

두 번째는 "부의 축적과 성공적인 이윤 획득"이다. "부의 획득이 직업 소명 안에서의 노동의 열매일 때는 하나님의 복"이라고 말한다. 신자들은 부정한 방법으로 부를 축적해서는 안 되었기 때문에, 그것은 모든 것을 체계적이고 합리적으로 조직하는 삶을 한층 더 강화시켰다.

세 번째는 "성화된 삶과 덕 있는 행실"이다. 인간이 본능적으로 죄에 끌리는 성향을 지니고 있다는 사실에 비추어 이는 어려운 일임이 분명했다. 육체의 욕망을 다스려서 변함없이 하나님의 명령들을 지키는 삶을 살아가는 데에는 대단한 절제가 요구되었다. 물론, 사람이 하나님을 기쁘게 할 만한 "덕 있는 행실"을 한다고 해도, 그것이 이미 예정된 구원이나 멸망을 바꿀 수 있는 것은 아니었다. 하지만 그런 행실을 하려면 하나님의 은혜와 역사가 반드시 요구된다는 점에서, 그런 행실을 지속적으로 행하는 사람은 구원받은 자가 틀림없다는 점을 강조했다.

성경적세계관
경제 기본2강

~

주께서 이르시되 지혜 있고 진실한 청지기가 되어
주인에게 그 집 종들을 맡아 때를 따라
양식을 나누어 줄 자가 누구냐
주인이 이를 때에 그 종이 그렇게 하는 것을 보면
그 종은 복이 있으리로다

(눅 12:42-43)

〈경제 기본2강 수강을
위한 QR코드〉
카메라를 켜서
QR코드를 인식하면
해당 유튜브 강의로
이동합니다

청교도적 생활방식과 자본주의의 탄생

청교도적 삶의 방식을 통해 근대자본주의가 탄생한 과정을 이해하고 그런 사회변화를 이끈 원동력이 된 신앙의 특징을 파악해봅시다.

핵심 키워드 💡 #성경적_재정관 #축적과_재투자
#삶에_작용하시는_하나님

청교도적 생활양식

- 기업과 상업을 하며 이윤을 추구하는 사람들
- 하나님이 맡긴 일을 성실하게 해내는 정직한 사람들
- 하나님이 맡기신 부를 관리하는 청지기
- 이윤과 자본의 재투자는 이 땅에서 하나님 나라에 기여하는 일
- 사치를 배격하고 검소한 생활 : 자본의 축적
- 경제적 전통주의를 와해시키는 혁명적 힘으로
- 청교도윤리는 (근대적) 자본주의 정신으로

질문 1   근대적 자본주의를 가능하게 한 것은 자본의 축적과 재투자입니다. 청교도적 생활방식의 어떤 부분이 그것을 가능하게 했는지 설명해보고, 크리스천의 재정관(물질관)에 대해 정리해봅시다.

청교도 문화에서 배출된 벤저민 프랭클린

벤저민 프랭클린
(1706~1790)

피뢰침 발명. 복초점 렌즈 발명
1740년대 초기에 그가 발명한
난로(프랭클린 스토브)는 아직도 생산됨

독립선언서 작성에 참여했으며,
2세기 동안 미국의 기본법이 된
미국 헌법의 뼈대를 만들었다.

질문 2　청교도 윤리는 경제적 전통주의를 무너뜨리고 근대적 자본주의의 정신으로 등장합니다. 자본주의 정신은 기존과는 완전히 다른 사회를 이끌어 내었는데 이 사회의 특징을 영국의 젠트리와 미국의 프랭클린이라는 인물을 통해 설명해봅시다.

질문 3 루터교회와 칼빈의 개혁교회를 비교했을 때 삶의 방식과 사회를 바꾸는 힘은 칼빈의 개혁교회가 있는 곳에서 생겨났습니다. 신앙의 차이는 사회의 차이를 가져왔습니다. 하나님과의 교통을 '내면적인 감정과 정서 위주'로 받아들이는 신앙과 '자신의 모든 삶에 작용하시는' 형태로 받아들이는 신앙의 차이를 생각해보고, 현재 한국교회의 신앙은 어느 쪽에 더 가까운지 나눠봅시다.

구체적 내 삶에서 교통하시는 하나님 / 나는 그 도구

루터교: 내면의 정서와 감정 중시 / 개혁교회: 도구로서 삶을 지향

"개혁교회는 내면으로 파고들어서 하나님을 체험하고자 했던
루터교적 신앙을 용납하지 않았다."

"하나님의 택함을 입은 자들은 하나님이 그들 안에서 "작용"(take place)하고
그들이 이것을 인식하는 방식으로 하나님과 교통한다.
독실한 자들은 자신을 하나님의 능력을 담은 그릇 또는
하나님의 능력을 드러내는 도구라고 느끼고 있는한 자신이 구원받은 자이고
은혜 안에 있다고 확신할 수 있다(유한은 무한을 담을 수 없다)."

질문 4-1 성령 하나님(God the Spirit)에 대해 생각해봅시다. 내가 하나님의 도구, 그릇이라고 할 때 성령 하나님은 나를 어떻게 사용하시나요? 그분이 주인이라는 말이 빙의처럼 내가 그분이 시키는 대로 조종을 당하는 것인가요?

성령하나님(God the Spirit)은 어떤 분이신가

존 프레임

성령은 이 세상에서의 하나님의 다스림, 권위, 임재이다.

성령은 하나님의 권위 있는 말씀, 하나님의 지속적이고 중재하는 임재, 만물에 대한 하나님의 강력한 다스림이다.

성령이 인격적임을 부인하는 광신자들
- 하나님에게서 나온 일종의 힘이나 권능으로 이해

- 존 프레임, 조직신학

질문 4-2   성령 하나님이 내가 소유하고 부릴 수 있는 힘이나 권능인가요?
나의 말과 생각에서 혹시 그렇게 여기는 부분은 없었는지 한번 점검
해 봅시다.

일상의 영적전쟁은 크리스천의 소명

존 게리
(John Geree, 1600~1649)

『옛 영국청교도의 특성』에서 그는 자신의 전 생애를 전쟁으로 생각했다
이 전쟁에서 그리스도는 그의 대장이며 그의 무기는 기도와 눈물이었다
십자가는 그의 군기이며 그의 문장은 "고난받는 자가 승리한다" 였다
영적 전쟁은 청교도의 소명: 모세, 느헤미야, 바울이 모델

질문 5 크리스천의 삶이 영적 전쟁이라는 것을 알고 있나요? 강의에서 말한 미학 공부하는 여학생의 케이스는 대표적 예입니다. 자신은 현재 어떤 영적 전쟁을 하고 있는지 생각해 봅시다.

52

Guide 1

" 어느 시대나 자본주의는 있었어요. 로마시대에도 있었습니다. 이윤을 추구하는 건 다 하지. 그런데 뭐가 다르냐는 거지? "근대적 자본주의는 뭐가 다른 거지?" 출발이 달라요. 청교도적 생활양식이 끝내줍니다. 기업을 하고 상업을 하면서 이윤을 추구하는데, 문제는 자기가 오너인데 자기가 주인이 아니라고 주장해요. 하나님이 맡기신 일을 성실하게 이루어내는 정직한 사람들이라는 겁니다. "이 회사랑 돈은 내 것이 아니다"라는 강력한 의식을 갖고 있어. "하나님이 맡기신 부를 관리하는 관리자다" 이 의식이 강한 거예요.

그러면서 이 땅에서 하나님 나라에 기여하는 일이 뭐냐? 자본을 축적해서 재투자하는 거다. "이윤과 이익의 재투자." 그러면 어떻게 돼? 계속 많은 사람이 혜택을 입어. 예를 들어 종업원 관리를 하면 인사 관리가 탁월해. 처음에 들어오면 서툴잖아요. 이런 애들은 페이가 낮아. 대신에 숙련되어서 후배를 가르칠 수 있으면 페이가 확 뛰는 거예요. 애들이 거기서 최선을 다해서 제대로 된 서비스를 고객들에게 제공해. 잘 안 자르고 기회를 주면서 그 아이들이 거기서 성장해. 그런 게 우리 신앙에서 엄청 중요한 겁니다. 그런데 착각을 해. 장사랑 자기 신앙하고 관계가 없는 줄 알아. 장사를 대충 막 하다가 주일날 교회 오면 교인이야. 이러면 교인이 아니라고요.

또 이 사람들은 사치를 안 해. 검소한 생활을 해. 자본의 축적을 위해서예요. 그러니까 결국은 자본의 축적과 시간의 축적이야. 그러니까 기술력이 최고가 돼. 멈추지 않는 거예요. 여기서 뭘 더 개선할까? 여기서 끊임없이 간구하는 거지. 한계에 부딪히면 그걸 다 뛰어넘어. 신앙의 힘으로. 이게 멋진 거예요. "

---
24) 프랑스 혁명(French Revolution). 1789년 프랑스에서 부르봉 왕조의 절대주의적인 구제도를 타파하여 근대 시민 사회를 이룩한 시민 혁명. (민중국어사전)

Guide 2

66

청교도의 자본주의 정신이라는 게 만만한 게 아니야. 그러니까 어떻게 됩니까? 이전엔 신분을 세습하죠? 아버지가 누구냐가 굉장히 중요했던 시대에서 어떻게 바꿔요? 프랑스 혁명[24]하고 영국의 명예혁명[25] 비교하면서 무슨 이야기를 해줬어요? 영국의 젠트리[26]들은 귀족이라고 폼잡지 않고 거꾸로 실사구시[27]를 추구하는 멋진 사람들로 변신하는 겁니다. 그게 명예혁명으로 가는 특징이고, 프랑스에서는 혁명하다가 귀족직을 살 수 있으면 사보는 그런 짓들을 행하며 갈지자 행보를 하면서 저질화 되었어요. 프랑스 정치랑 영국 정치가 혁명사를 비교해보면 영국 정치가 탁월하다는 걸 알 수 있어요. 그게 어떻게 가능하냐면? 청교도를 배출한 동네야. 이 사람들이 가서 또 미국을 건설해요. 철저한 이 정신에 물들어있던 사람이 미국을 여는 거예요. 그 과정을, 역사를 보라는 겁니다.

벤저민 프랭클린[28]이라고 하는 탁월한 분이 그냥 나오는 게 아니에요. 이분은 과학 하면 또 끝내줘. 프랭클린 스토브[29]는 지금까지 생산된다잖아. 생활의 불편한 것이 있으면 그냥 안 넘어가시는 분이야. 해결을 해. 그런데 이분이 또 어떤 위대한 일을 했어요? 미국 헌법의 기본 뼈대를 만듭니다. 제퍼슨[30]하고 둘이서 미국의 독립선언문을 초안했어요,

99

---

25) 명예혁명(Glorious Revolution, 名譽革命). 1688년 영국에서 제임스 2세의 폭정에 대한 불만으로 폐위를 바라며 윌리엄과 메리 부부를 왕위에 추대한 유혈사태가 없었던 시민혁명. 폐위성공 후 권리선언을 통해 의회정치의 기초를 확립함. (두산백과)

26) 젠트리(gentry). 영국에서 중세 후기에 생긴 중산적(中産的) 토지소유자층. (두산백과)

27) 실사구시(實事求是). 사실에 토대를 두어 진리를 탐구하는 일. (민중국어사전)

28) 벤저민 프랭클린 (Benjamin Franklin, 1706~1790). 미국의 정치가·외교관·과학자·저술가. 자유를 사랑, 과학을 존중, 공리주의에 투철한 전형적인 미국인. (두산백과)

66

　루터계열이 뭘 하냐면, 내면의 감정과 정서를 중시해. 감정이 안 중요하다는 게 아니에요. 조나단 에드워드[31]를 천천히 읽어봐요. 감정이 중요하지 않다고 하지 않아요. 하나님을 느끼고 교감하려면 감정이 중요해. 그런데 그게 다가 아니라는 거지. 그런데 한국에선 감정이 다야. 집회 가서 은혜받았어. 불을 막 받았다가 그다음 날 죄 지으러 가. 완전히 신앙이 감정적인 거야. 자꾸 자기 내면을 파고들어.

　칼빈의 스피릿은 내면으로 파고들어서 하나님을 체험하고자 하는 것을 다 배격했다 이겁니다. 이게 탁월한 겁니다. 하나님의 택함을 입은 자들은 하나님이 그들 안에서 작용한다. 독일어로 '작용한다'로 번역했지만, 영어로는 'take place' 이렇게 나와요. 작용하고 그들이 이것을 인식하는 방식으로 하나님과 교통한다[32] 하나님과 내가 어떻게 교통하냐면, 내가 예를 들었던 유럽의 사업가처럼 자기 비즈니스 과정에서 계속 하나님을 체험하는 거죠. 중요한 것은 우리 삶에 작용하시는 거예요. 그래서 교통할 수 있죠. 그러니까 내가 만약 생명공학 연구자면 생명공학 연구와 하나님이 별개면 안 돼요. 내가 경제학자면, 나의 경제학이 하나님과 무관할 수 없는 거지.

99

29) 프랭클린 스토브(Franklin stove). 1740년대 초기에 벤저민 프랭클린이 발명한 난로.
30) 토마스 제퍼슨 (Thomas Jefferson, 1743~1826). 미국의 정치가·교육자·철학자. 1800년 제3대 대통령에 당선, 1804년 재선됨. 철학·자연과학·건축학·농학·언어학 등으로 많은 사람들에게 영향을 줌. (두산백과)
31) 조나단 에드워즈 (Jonathan Edwards, 1703~1758). 미국의 대표적인 신학자이자 철학자, 설교자, 인디언 원주민들의 선교사. (해외저자사전, 교보문고)
32) 막스 베버, 『프로테스탄트 윤리와 자본주의 정신』, 현대지성, 2018, p. 201.

> 내가 또 뭐에 깜짝 놀랐냐면 회심한 지 얼마 안 되었을 때, 누가 우리 신앙을 귀신들린 거 빙의처럼 설명해. "헐. 저 사람의 정체는 뭘까? 성령님의 역사는 빙의가 아닙니다. 신앙인들이 성령을 인식하는 방식으로 하나님과 교통을 하는데, 자신들의 행위가 결국 내 삶 속에서 역사하시는 하나님을 인식하는 겁니다. 내 삶이 하나님께 바쳐지는 거죠. 그러니까 독실한 사람들은 하나님의 능력을 담은 그릇 또는 하나님의 능력을 드러내는 도구로 여겨진다. 여러분도 라면을 덜어 먹더라도 깨끗한 그릇을 쓰고 싶죠? 이해가 딱 되는 거죠. 그러니까 vessel(그릇), tool(도구) 이런 게 우리야. 절대 주권자이신 왕이 다스리는 거죠. 나는 그 그릇이고. 요 정신이 딱 되는 거예요. 또 유한은 무한을 담을 수 없다. 이 말이 뭐냐면 나라는 그릇이 하나님을 어떻게 통째로 담습니까? 영원하시고 무한하신 분인데. 하지만 성령이 작용하시면, 나는 거기에 호응한다.

> 이 광신자들이 성령을 하나님에게서 나온 힘이나 권능으로 이해를 한다 이겁니다. 분명히 삼위일체 하나님이잖아. GOD the Spirit이라고. 제가 어떻게 전능하신 하나님을 쏴~ 내가 그분을 막 부려? 기가 찬 거지. 매일 불경이야. 제정신을 차려야 됩니다. 성령도 하나님이시니까 인격적이다.

> 존 게리라는 분을 내가 좋아하는데, 한마디로 이분이 종합을 했어요. 뭐냐면 크리스천의 인생은 전쟁이에요. 우리는 자신의 전 생애를

56

전쟁으로 생각해야 합니다. 게리처럼. 이 전쟁에서 그리스도가 대장이야. 왕이시고. 물러서면 안 돼. 그러니까 존 오웬[33]처럼 죄 죽이기를 해야 해. 우리는 죄와 싸우는 거지. 그의 무기는 기도와 눈물이다. 영적전쟁에서 십자가는 군기고, 그의 문장은 고난 받는 자가 승리한다. 영적전쟁은 청교도의 소명이다.

,,

---

33) 존 오웬 (John Owen, 1616~1683). 영국의 청교도 목사, 올리버 크롬웰의 보좌관. 종교개혁 이후 오늘에 이르기까지 가장 심오한 신학 저서를 방대하게 내놓은 저술가로 평가됨. (브리태니커 백과사전)

성경적세계관
역사

성경적세계관
역사 기본1강

~~~~

그리스도께서 우리를 자유롭게 하려고 자유를 주셨으니
그러므로 굳건하게 서서 다시는 종의 멍에를 메지 말라

(갈 5:1)

〈역사 기본1강 수강을
위한 QR코드〉

카메라를 켜서
QR코드를 인식하면
해당 유튜브 강의로
이동합니다

종교개혁과 대한민국의 건국

스터디 목표 🔍 종교개혁이 서구의 정치제도를 어떻게 변화시켰는지 살펴보고, 종교개혁과 대한민국 건국의 관계를 이해해 봅시다.

핵심 키워드 💡 #종교의자유 #자유의제도화 #모럴

질문 1 　여러분은 대한민국, 서울의 중심부인 광화문광장에 이순신장군과 세종대왕의 동상이 있는 것에 대해 어떻게 생각하나요? (조선과 대한민국은 전혀 다른 나라라는 점에 비추어 생각해보세요.)

질문 2 건국에 대해 부정적으로 가르치는 나라에 어떤 미래가 있을까요?
(만약 여러분이 현재 대한민국이 위기라고 생각한다면) 그 위기는
어디에서 오는 것일까요?

질문 3 『한국교회핍박』에서 이승만이 종교개혁에 대해 어떻게 파악했는
지 설명해 봅시다. 이것은 '기독교를 정치화한다'는 내용과도 일치하
는데 이것에 대해서도 간단히 설명해 봅시다.

종교개혁이 만든 서구의 정치제도

2백 년 동안을 두고 루터씨의 개교한 풍조가 정치제도를 개혁하기에 이르러 영-법-미 등 각국의 정치상 대혁명이 여기서 생겨서 오늘날 구미각국의 동등자유를 누리는 모든 인간 행복이 거반 여기서 시작한 것이라 (『한국교회핍박』, 1913)

이승만

조직화된 종교는 정치를 기독교화하기보다는 기독교를 정치화한다

- Laurens Van der Post

62

종교개혁에서 시작된 자유의 제도화

게오르그 옐리네크
19세기 독일의 대표 법학자

종교개혁 : 말씀대로 신앙하겠다는 것

개인의 양심의 자유와 종교(행위)의 자유와 권리를 보장받기 위해 표현, 예배, 전도, 교육, 집회, 자녀양육, 여행, 언론-출판-계약-결사의 자유, 법인설립, 공동재산, 집단예배, 조직적 구제사업 등 신앙의 기초가 되는 모든 것에 대해 권리보호

종교의 자유는 근대초기 헌법들의 어머니

질문 4 종교개혁으로부터 자유가 제도화되는 과정을 (종교의 자유와 입헌주의라는 개념을 사용해서) 설명해 봅시다.

건국의 토대: 종교개혁의 모럴

"
**자유는 도덕성 없이 세워질 수 없고
도덕성은 신앙 없이 세워질 수 없다**
"

- 토크빌, 미국의 민주주의

알렉시 드 토크빌
프랑스 철학자

질문 5 토크빌[34]의 "자유는 도덕성(모럴) 없이 세워질 수 없고 도덕성은 신앙 없이 세워질 수 없다"는 말의 의미를 설명해 봅시다. 토크빌은 프랑스에서 불가능했던 민주주의가 미국에서 가능했던 원인이 무엇이라고 생각했나요?

---

34) 알렉시 드 토크빌 (Alexis de Tocqueville, 1805~1859). 프랑스의 정치학자, 역사가, 정치가. 베르사유재판소 배석판사를 지냈고 『미국의 민주주의』를 저술함. (두산백과)

건국의 토대: 예수교로 새로운 문명의 기초를 삼아야

풍속과 인정이 일제히 변하여 새것을 숭상해야 하는데
새 것을 행하는 법은 교화로써 근본을 아니삼고는
그 실상 대익을 얻기 어려운데 예수교는 본래
교회 속에 경장하는 주의를 포함한 고로
예수교 가는 곳마다 변혁하는 힘이 있으므로…

예수교로 새로운 문명의 기초를 삼아야 한다

[뭉치면 살고-1989~1944 언론인 이승만 글모음] 조선일보사, 1995

질문 6 당시 건국에 참여한 사람들의 입장에서 생각해봅시다. 법과 제도를 아무리 잘 만들어도 사람들의 의식이 변하지 않으면 자유민주공화국을 세우기 어렵습니다. 건국의 리더들은 노예근성에 빠져있는 신분제 이씨 조선의 백성들을 어떻게 독립적인 공화국의 구성원으로 변화시킬 수 있다고 생각했나요?

uide 1 　　세종대왕과 이순신 장군은 조선 시대의 영웅들입니다. 조선과는 전혀 다른 나라인 대한민국의 중심지에 공화국의 대표 인물들 대신 조선 시대 대표 인물들이 자리하는데도 아무런 이상함을 느끼지 못했다면, 우리의 의식은 대한민국을 조선과 동일시하거나 조선의 연장선이라고 여기고 있다는 것입니다. 다시 말하면 대한민국이라는 나라가 자유민주주의 공화국이라는 그 정체성에 대해서 아무런 개념이 없는 상태라고 할 수 있습니다.

uide 2

66

　　제가 볼 때, 한국의 위기는 어디서 오냐? 나라가 어떻게 생겼는지, 도대체 정체가 뭔지를 모르니까 귀한 줄을 몰라. 그리고 귀한 줄 모르니까 왜 지켜야 하는지도 몰라요. 그런데 학교 가니까 이 거지 같은 나라는 애초에 생기지 말았어야 한다고 전교조 선생님이 가르쳐 줘. 그런데 잘 생각해보세요. 여러분이 사는 나라인데, 이 나라가 원래 생기지 말았어야 하는 나라면 어떻게 되는 거예요? 젊은이들에게 자기 나라를 저주하고 자기 역사를 저주하게 가르치면 그 나라에 무슨 미래가 있습니까?

99

uide 3

66

　　대한민국이라는 이 자유민주공화국이 그냥 생긴 게 아니라 종교개혁과 굉장히 깊은 관계를 맺고 있어요. 『한국교회핍박』[35]이라는 책이 있어요. 초판이 1913년에 나왔는데, 저자가 뭐라고 했냐면, '2백 년 동안 루터 씨가 개교한 풍조가 정치제도를 개혁하기에 이르러 영법미, 각국의 정치상 대혁명이 여기서 생겨서 오늘날 구미 각국의 동등 자유를 누리는 모든 인간 행복이 거반 여기서 시작한 것

---

35) 이승만, 『한국교회핍박』, 청미디어, 2020.

이라' 이렇게 얘기하거든요. 이승만[36]의 뛰어난 점이 뭐냐면 종교개혁으로 서구 문명이 어떻게 세팅되었는지를 완벽하게 이해한 상태로 등장한 거예요.

로렌스 반 데어 포스트[37], 작가면서 영국의 유명한 지성인인데, 찰스 왕자의 멘토도 하신 분이에요. 저분이 뭐라고 했냐면, "조직화된 종교는 정치를 기독교화하기보다는 기독교를 정치화한다."라고 했어요. '기독교를 정치화한다'라는 말이 무슨 뜻이야. 종교개혁의 스피릿이 제도화된다 그 뜻이에요. 어떻게 영미가 주도한 문명이 가장 인간에게 자유를 부여하고 가장 괜찮은 것을 만들어 낼 수 있냐, 소위 '민주주의'를 가능하게 했느냐를 설명해야 해. 그게 기독교를 정치화했기 때문이에요. 지상에다가 종교개혁을 추구했던 사람들의 신앙을 기초로 제도화했더니 가장 복된 상태가 된 거예요.

Guide 4

옐리네크[38]라는 독일이 낳은 위대한 법학자가 Constitutionalism[39]이라는 것이 인류 역사에 어떻게 등장했는지 설명합니다. 입헌주의는 어떤 권력자도 헌법의 지배를 받아야 한다는 거죠. 이게 바로 종교개혁을 통해서 만들어졌다는 겁니다. 그러니까 종교개혁 정신의 핵심은 뭐냐면 성서대로 신앙을 하겠다는 거예요. 이분들은

---

36) 이승만 (李承晩, 1875~1965). 독립운동가이자 해방 이후 대한민국 제1, 2, 3대 대통령을 역임한 정치인. 1948년 7월 24일 대한민국 초대 대통령에 선출됨. (한국민족문화대백과, 한국학중앙연구원)

37) 로렌스 반 데어 포스트 (Lourens van der Post, 1906~1996), 남아공의 유명한 작가이자 영국의 군인. 10년간의 참전경험을 바탕으로 유명한 소설을 많이 남김. (팽권출판사 작가소개)

38) 게오르그 옐리네크 (Georg Jellinek, 1851~1911). 독일의 빈대학·바젤대학 하이델베르크대학의 교수로 재직함. 주저로는 『일반국가학』이 있음. (두산백과)

39) 입헌주의(Constitutionalism, 立憲主義). 국민의 기본적 인권을 보장하기 위하여 통치 및 공동체의 모든 생활이 헌법에 따라서 영위되어야 한다는 정치원리. (두산백과)

말씀대로 신앙하고 싶어요. '참 기독교인의 양심을 어떻게 보장할까?' 이것을 고민한 거죠. 양심의 자유가 보장되어야 해요. 우리가 원하는 방식으로 신앙을 하고 싶은데 인심 좋은 왕이 있으면 그렇게 할 수 있어요. 그런데 포악한 왕이 나타나면 다 죽여요. 이것을 계속 반복하는 거예요. 그래서 이제 왕이 누가 되든 뭘 세팅해 버려요? 법에 귀속되게. 그러니까 권력자가 누가 되든 헌법적 통제를 받게 하면 돼요. 어떤 왕이 되어도 교회에서 말씀대로 신앙할 수 있게 해주는 거예요. 오직 말씀, 오직 믿음…, 파이브 솔라[40] 그것을 한다.

그러니까 개인의 양심의 자유와 종교의 자유, 종교를 실행하는 자유, 예배를 드리고 집회를 하고 이런 것들에 대한 완전한 자유가 보장됩니다. 인류 정치사 법사를 보세요. 인간이 자유를 얻을 때 종교의 자유를 보장되면서 다른 자유가 시리즈로 나와요. 인간에게 본질적 자유를 주기 위해서 오신 분이 예수님이에요. 그래서 그 자유를 제도화해. 예를 들어 종교의 자유를 보장하다 보니까 선교해야 해. 선교하려면 말해야 하니 '표현의 자유'가 보장되어야 해. 선교하려니까 '여행의 자유'가 보장되어야 하고, 교회를 세워야 하니까 '법인 설립의 자유, 출판의 자유, 집회의 자유' 시리즈로 보장돼요. 자유의 제도화, 결국 기본권으로서의 자유권이 헌법이 탑재되는 출발이 종교개혁의 역사예요. 민사상 부여되는 계약의 자유 안에서의 많은 자유, 이런 것도 다 여기서 시작되는 거예요.

uide 5

토크빌이 뭐에 꽂혔냐면, (프랑스가) 혁명한다고 난리를 쳤는데 19세기 프랑스 보니까 법원도 개판, 법관직 매매나 하고 엉망진창 양아

---

40) 다섯 솔라(Five Solas). 종교개혁 때 처음으로 대두된 기독교의 다섯 가지 표어. Sola Scriptura (오직 성경), Solus Christus (오직 그리스도), Sola Gratia (오직 은혜), Sola Fide (오직 믿음), Soli Deo Gloria (오직 하나님께 영광). (네이버 지식백과)

치들이 판치고, 입만 열면 민주주의인데 지방자치 안 돼. 왜 이 꼴일 까 고민하다가 미국에 가서 깜짝 놀란 거예요. 시골 카운티 단위에 들어가서 지방자치를 봤더니 그 마을에 꼭 뭐가 있겠어요. 교회가 있 고 그 교회가 중심이 되어서 지방자치가 돌아가는 거예요. 또 사법 부에 가봤더니 배심재판을 하는데 레벨이 달라. 배심원으로 차출된 사람 중 건성으로 하는 사람이 없고 동료 시민의 공정한 재판, 이것 을 정말 실현하려고 노력하는 게 보이는 거예요. '도대체 얘들은 뭐 지?'하고 그것을 파고 들어갔어요. 그래서 "자유는 도덕성(모럴) 없 이 세워질 수 없고 도덕성은 신앙 없이 세워질 수 없다."라는 말을 남깁니다.

  토크빌의 저 말이 이승만의 깨달음이랑 딱 겹쳐요. 무슨 얘기냐면 이승만 입장에서는 독립을 하면 새로운 나라(자유민주주의국가)를 세워야 하는데, 착각하는 게 자동으로 건국이 되는 게 아니에요. 그 냥 일본이 미국에게 항복하면 자동으로 대한민국이 생기지 않아요. 그러면 공화국을 세우려고 할 때 뭐가 제일 필요할까 했을 때, 정부 를 잘 구성하고 법을 잘 만드는 것보다 뭐가 더 중요하냐면, 토크 빌이 얘기한 모럴이 형성되어야 해. '질서의식, 준법정신'의 모럴이 형성되지 않으면 뭘 잘 만들어놔도 엉망진창이 돼.

Guide 6

  이승만이 뭘 말하냐면, "풍속과 인정이 일제히 변화하여 새것을 숭상해야 하는데 새것을 행하는 법은 교화로서 근본을 아니 삼고는 그 실상 대익을 얻기 어려운데, 예수교는 본래 교회 속에 경장하는 주의를 포함하는 고로" 경장[41]은 유교 정치에서 수성경장 들어봤죠, 경장은 개혁한다는 거예요. 경장하는 주의를 포함하는 고로 "예수교

---

41) 경장(更張). 정치적 · 사회적으로 묵은 제도를 개혁하여 새롭게 함. (표준국어대 사전)

가는 곳마다 변혁하는 힘이 있으므로" 예수교가 들어가면 변혁의 힘
이 생긴다는 거예요. 그러니까 "예수교로 새로운 문명의 기초로 삼
아야 한다"는 거예요.

성경적세계관
역사 기본2강

~~~

우리에게 왕을 주어 우리를 다스리게 하라 했을 때에
사무엘이 그것을 기뻐하지 아니하여 여호와께 기도하매
여호와께서 사무엘에게 이르시되
백성이 네게 한 말을 다 들으라
이는 그들이 너를 버림이 아니요
나를 버려 자기들의 왕이 되지 못하게 함이니라

(삼상 8:6~7)

〈역사 기본2강 수강을
위한 QR코드〉
카메라를 켜서
QR코드를 인식하면
해당 유튜브 강의로
이동합니다

자유민주공화국의 출발과 과제

스터디 목표 🔍 국제사회의 외교전이 독립과 건국에 미쳤던 영향과 21C 대한민국에 필요한 정치의식은 무엇인지 고찰해 봅시다.

핵심 키워드 💡 #외교전 #제도중심 #종교개혁의_모럴

조선을 식민지로 만든 이토의 외교전 여론전

- 이토 히로부미(伊藤博文)는
  러일전쟁의 승리를 위해 레닌에게 혁명자금을 주어
  러시아내에서 반전여론을 일으킴

- 시어도어 루스벨트(T. Roosevelt) 미국 대통령의
  하버드대 동창생인 가네코 겐타로(金子堅太郞)를
  1904년 2월 특사로 보내 미국의 중재를 부탁

- 예일대학의 조지 래드(Goerge T. Ladd)교수의
  미국내 친일여론 조성

질문 1   당시의 일본제국이 조선을 식민지로 만들기 위해 진행했던 국제사회에서의 외교전과 여론전에 대해 정리해 봅시다.

이승만 VS 반이승만

이승만의 외교전

- 1919년 필라델피아 한인회의 공화국의 건국과 제헌정신 선포
- 미국의 정치인 언론인들과 네트워크 구성

반이승만

- 상하이 임정 국제승인 못 받음
- 상하이 고려공산당
  1921년 레닌자금으로 이동휘가 만들고 여운형이 가입하여 활약
- 무장투쟁
  소년병학교, 미국 외교관 암살 등의 비현실적인 대응

질문 2 제국열강이 각축을 벌이던 20C 초, 일제로부터의 독립을 위해선 국제사회에서의 외교가 절대적으로 중요했습니다. 당시 무장투쟁을 하던 독립투사들을 국제사회에서 어떻게 보았을까요? 한국인이 아닌 국제사회의 시각에서 객관적으로 생각해 보고 이와 비교해서 이승만의 외교전에 대해서도 평가해 봅시다.

네이션빌딩의 단계

<1919 필라델피아 한인회의 채택내용>

- 미국식 공화제 정부를 수립한다

- 인민의 교육 수준이 저급하고 그들의 자치 경험이 부족한 점을
  고려해 정부 수립후 10년 간 중앙집권적 통치를 시행한다

- 점진주의 : 정부 수립 후 10년 간 정부는 국민교육에
  주력함으로써 인민이 미국식 공화제 정부를
  운영할 수 있도록 만든다
  이에 맞추어 그들의 참정권을 확대한다

정치제도와 정치적 인격의 경쟁

- 허정 : "이박사를 제외하고는 건국 초의 막중하고
  다난한 국사를 강력하게 수행하지 못한다는 정치가와
  국민의 공통된 의견이 제헌 작업의 방향전환의 배경이었다"

- 인격에 의한 지배는 언제나 독재정을 초래하는 경향이 있다

질문 3 건국 당시, 민주주의와 자치가 바로 가능했을까요? 건국 초기에는 민주주의라는 생소한 제도보다는 카리스마 있는 정치적 인격[42]이 국정운영에 더 큰 힘을 발휘하게 됩니다. 헌법을 만들 때 대통령제로 방향전환을 한 당시의 상황에 대해 생각해 봅시다.

---

42) 여기서의 '인격'은 '인품'을 의미하는 것이 아니라 제도와 대비되는 '인물' 중심이라는 의미.

질문 4　나의 정치의식은 인물중심인지, 제도중심인지 되돌아봅시다. 왜 제도중심의 정치의식이 성경적인지 생각해 봅시다. 21C 대한민국에 필요한 정치의식은 무엇일까요?

질문 5　대한민국이라는 자유민주공화국을 지켜나가는데 있어 종교개혁의 모럴에 주목해야 하는 이유는 무엇인지 생각해 봅시다.

76

Guide 1

66

제가 이토 히로부미[43] 연구를 했어요. 이토 히로부미의 외교전 실력은 정말 인정해야 합니다. 얼마나 치밀하냐면 러일 전쟁[44]을 하잖아요. 전면전을 하면 일본이 러시아를 이길 수가 없어요. 그러니까 러시아 내부에서 반전 운동이 일어나야 할 거 아니에요? 그래서 이토가 레닌한테 반전 운동을 일으키라고 하고 혁명자금까지 줬어요.[45] 그렇게 러일 전쟁에서 승리합니다. 그리고 미국 정치는 돈으로 매수하는 것보다 여론전이라는 것을 파악했어요. 그래서 루스벨트 대통령 로스쿨 동창인 가네코 긴타로를 보내서 여론전하고 로비하고, 일본과 친분 있는 언론인들, 지식인들에게 '일본이 중요하다' 이런 칼럼을 계속 쓰게 했습니다.

99

Guide 2

66

영화 암살의 배경이 되는 '다나카 기이치 대장 저격 사건[46]'에서 의열단이 쏜 총에 맞아 즉사한 사람은 신혼여행을 온 영국인 젊은 여성이었습니다. 또 미국의 외교관 스티븐스[47]는 친일발언으로 암살

---

43) 이토 히로부미 (Itō Hirobumi, 1841~1909). 일본의 정치가로서 제국주의에 의한 아시아 침략에 앞장서 조선에 을사늑약(乙巳勒約)을 강요하고, 헤이그 특사 사건을 빌미로 고종을 강제로 퇴위시킴. 일본에서는 근대화를 이끈 인물로 평가되지만, 조선 식민지화를 주도한 원흉으로서 1909년 중국 하얼빈에서 안중근에게 저격당해 사망함. (두산백과)

44) 러일전쟁(Russo-Japanese War, 1904~1905). 한반도를 놓고 벌어진 러시아, 일본 양국의 전쟁. 이 전쟁의 결과로 1905년 포츠머스 강화조약이 체결되었고 일본은 한반도에서의 우월한 지위를 획득, 요동반도와 사할린 남부지방을 차지함. (시사상식사전, 박문각)

45) "러일 전쟁 때 일본의 아카시 모토지로라는 스파이가 엄청난 공작금으로 1905년 러시아 혁명을 부추겼고, 여기에 차르도 밀리고 말았습니다." (『もはや、これまで: 経綸酔狂問答』, PHP 연구소, p. 152.)

46) 1922년 다나카 기이치(Tanaka Giichi, 1864~1929)가 상해에 도착한다는 정보를 입수한 의열단은 다나카 암살을 치밀하게 계획하여 실행했으나 실패함. (한국민족문화대백과, 한국학중앙연구원)

당했는데 그는 루스벨트 대통령의 친구였습니다. 영국과 미국에서 이런 사건들을 어떻게 보았을지, 자국의 이익을 위해 움직이는 냉정한 국제사회에서 독립투사들의 이런 활동은 독립에 어떤 영향을 미쳤을지 객관적으로 생각해볼 필요가 있습니다.

그런데 외교전, 여론전을 탁월하게 펼친 분이 우남 이승만 박사예요. 1919년에 필라델피아에서 멋진 선포[48]를 하는데, 그게 민주공화국의 출발입니다. 우리 제헌 헌법의 정신이 거기서 선포돼요. 그리고 미국의 동지들, 언론인, 정치들 이렇게 민간 네트워크를 탄탄하게 만드셨어요.

Guide 3

분야별로 학자들이 모여서 『이승만과 대한민국 건국』이라는 책을 냈어요. 여기서 허정이라는 분이 "이 박사를 제외하고는 건국 초의 막중하고 다난한 국사를 강력하게 수행하지 못한다는 정치가와 국민의 공통된 의견이 제헌작업의 방향전환의 배경이었다."라고 말씀하셨어요. 여러분 이걸 보셔야 해요. "정치제도와 정치적 인격(인물)의 경쟁." 그러니까 무슨 얘기냐면 처음에 우리 헌법을 디자인하는 분들이 대통령제로 세팅하지 않았어요. 내각제[49]로 처

---

47) 스티븐스 (D.W. Stevens, 1851~1908). 미국의 외교관으로 일본 외무성의 고용원으로 있다가 한국 정부의 외교 고문으로 들어옴. 미국에서 기자회견을 열어 '한국이 일본의 보호정치를 찬양하고 있다.'라고 말했다가 이에 격분한 전명운 · 장인환에. 의해 캘리포니아주에서 사살됨. (두산백과)

48) 필라델피아에서 열린 '제1차 한인회의'에서 선포한 내용.

49) 의회에 의해 선출된 총리와 그것이 조직하는 내각이 행정을 담당하는 정치제도. 대표적인 국가로 영국과 일본이 있음. (21세기 정치학대사전, 한국사전연구사)

음에 아이디어를 냈다가 이승만 대통령이 강력하게 주장해서 대통령제로 전환했는데, 그것을 힘으로 강압적으로 해서 독재자의 면모를 보였다고 분석하는데, 나는 그렇게 보지 않습니다. 왜냐하면 그 당시에 이승만 한 사람이 전체제도와 경쟁하는 레벨이었다는 말이에요. 국내에 저 분이 나타나면, 헌법 전체제도와 맞먹는 사람이었다는 거죠. 그러니까 그게 대통령 중심제로 전환시키는 파워였어요. 하지만 "인격(인물)에 의한 지배는 독재정으로 빠질 위험이 있다." 이것도 맞는 얘기인데, 나는 어떻게 보냐면 이게 어떤 의미에서 운이 좋았다는 뜻입니다. 저 정도 걸출한 인물이 강력하게 리더십을 발휘할 수 있었기 때문에 살 수 있었던 거예요. 저 때 "다 얘기해 봐~" 이러면 배가 산으로 가요. 그러면 전멸하는 거예요.

Guide 4 제도중심 정치모델의 대표적 예가 법치입니다. 인간에게 법을 주시고 그 법을 따르게 함으로써 통치하신 하나님의 통치방식이 바로 법치라고 할 수 있습니다. 인간은 죄성이 있는 존재이기에 인간을 믿고 의지하는 게 아니라, 하나님께서 주신 법이 인간사회를 다스리도록 디자인하는 것이 제도 중심의 정치의식입니다. 어떤 인물을 믿고 신봉하는 인물 중심의 정치의식은 우상화로 빠지기 쉽습니다. 그래서 「사무엘상」에서도 하나님은 왕을 달라고 부르짖던 이스라엘 백성들을 기뻐하지 않으셨습니다.

이제는 제도적 정치의식이 정착되고 시스템이 돌아가고 안정적으로 돌아가야 해요. 대통령이 누가 되든 집권당이 누가 되든 시스템이 돌면 안전해지고 체계화됩니다. 그것을 추구해야 할 시대예요. 그런데 아직도 보수주의가 뭔지도 모르고 뭘 지향해야 하는지 모르기 때문에 뭐만 해요? 그냥 한 인물이이에요. 그런데 이것도 우상의 일종입니다. 본질적으로 우리의 정치의식이 이제 훨씬 선진화되어야 해요.

Guide 5

　항상 중요한 게 뭐였어요? 토크빌이 지적했던 것처럼 프랑스는 민주주의가 안 되는데 미국은 되는 그 이유가 뭐였습니까? 그 배경에 교회가 제공하는 모럴이 없으면 안 된다는 거죠. 그러니까 신앙으로 교회에서 사람들이 변화되어서 도덕이 뭔지도 인식하고. 법을 인식할 줄 알고 자치에 참여할 수 있는 인간다운 인간, 모럴을 습득한 인간이 되지 않으면, 어떤 정부를 세우고 어떤 법을 만들어도 이게 제대로 작동되지 않는다는 거죠. 그래서 공화국의 출발은 교회가 먼저 세워져야 하고, 그 교회 안에서 신앙에 의해 훈련되어서 종교개혁의 윤리가 탑재된 사람들이 나와 줘야만 이 나라가 제대로 반석에 설 수 있습니다.

　위대한 종교개혁이 어떤 서구 문명, 즉 정치문화와 제도를 구성해 냅니까? 소위 입헌주의라고 하는 강력한 구조와 인간에게 자유를 부여한 민주주의가 모두 종교개혁에서 비롯되었습니다, 이걸 보라는 겁니다. 이 위대한 신앙의 전통과 윤리가 우리 삶에 배어서 우리가 정치, 경제, 사회, 문화 어떤 영역에 투입되어도 빛과 소금의 역할을 할 수 있어야 합니다. 만들어진 문화에 끌려 다니는 게 아니라 기독교 문명을 이끌어내는 강력한 리더로 서야 합니다. 그렇게 할 때 대한민국이라는 공화국의 미래가 생기는 것입니다.

성경적세계관
법정치

성경적세계관
법정치 기본1강

~~~

사십 주 사십 야를 지난 후에
여호와께서 내게 돌판 곧 언약의 두 돌판을 주시고
내게 이르시되 일어나 여기서 속히 내려가라
네가 애굽에서 인도하여 낸 네 백성이
스스로 부패하여 내가 그들에게 명령한 도를
속히 떠나 자기를 위하여 우상을 부어 만들었느니라

(신 9:11~12)

〈법정치 기본1강 수강을
위한 QR코드〉

카메라를 켜서
QR코드를 인식하면
해당 유튜브 강의로
이동합니다

자유민주주의란 무엇인가

자유민주주의는 다수의 뜻에 따르는 민중의 지배가 아니라 법의 지배임을 정확하게 이해하고 공화제가 무엇인지, 자유는 언제 가장 잘 보장되는지 설명해 봅시다.

핵심 키워드 💡 #다수의지배 #법의지배 #공화제

직접 민주주의 Vs 대의 민주주의

데이비드 헬드
(David Held)

직접(참여)민주주의
: 시민들이 정치적 의사결정에 직접 참여
  루소형, 민중민주주의

대의(자유)민주주의
: 선출된 공직자가 법의 지배의 틀 내에서
  시민들을 대표하는 책임을 짐
  메디슨형, 법의 지배가 기초가 됨

- 민주주의의 모델들, 데이비드 헬드 저

질문 1 민주주의를 크게 두 가지 유형으로 나누어 설명해 봅시다.

민중의 지배, 남미혁명

21세기 사회주의

라틴아메리카 신좌파 혁명의 사민사회

피다 커비·배리 캐넌 엮음

베네수엘라 시민사회에 차베스주의가 끼친 영향력
-에드가르도 란데르

"차베스의 권력장악 과정에서 시작된 사회적 동원은
대부분의 사람들을 무관심에서 깨어나게 했다.
사람들은 스스로 국가의 주인이라고 느끼게 되었다.
이전에는 국가에 순종적이던 수백만 명이
자신의 견해를 피력하고자 한다.
그들은 공동체위원회 - 물위원회, 의료와 교육정책을
논의하는 열린 공간에 참여하고 있다."

질문 2 민중이 지배하는 사회는 현실적으로 가능한가요? 인류의 역사에서 민중이 지배하는 사회를 만들자고 한 모든 혁명은 결국 민중이 고통을 당하는 독재사회로 귀결되었는데 그렇게 된 이유는 무엇인지 생각해 봅시다.

질문 3 우리는 흔히 민중의 뜻을 잘 반영하는 사회가 민주주의 사회라고 오해합니다. 민중의 뜻을 잘 반영하는 사회가 이상적인 사회가 될 수 있을까요? (민심은 천심이 될 수 있을까요?)

질문 4 개인의 자유를 지키는데 왜 공화제가 가장 탁월한지 생각해 보고 공화제의 핵심인 체크 앤 밸런스에 대해 설명해 보세요.

질문 5 공화제의 비지배 원리에 관해 설명해 봅시다. 공화국의 개인이 지배당하지 않으려면 무엇이 이루어져야 할까요?

질문 6 권력이 누군가에게 독점되지 않도록 컨트롤하는 것은 개인의 자유가 보장되는 민주주의 사회의 핵심 과제입니다. 여러분은 권력 남용을 법에 맞게 바로잡는 것과 권위를 해체하는 것에 대해 구별할 수 있나요? 예를 들어서 그 차이를 구별해 봅시다.

자유를 지키기 위한 제도적 기반

- 르네상스 시대의 이탈리아 정치철학자

"군주정-귀족정-민주정의 요소를
결합한 혼합정체가 덕의 제도적 기반이 될 때
법이 시민을 선하게 만들고,
문화발전을 촉진한다."

니콜로 마키아벨리
(Niccolo Machiavelli)
(1469~1527)

공화주의 : Checks and Balances

다수의 지배가 아닌 법의 지배

- 미국의 4대(1809~1917) 대통령
- 가장 영향력있는
  미국 건국의 아버지(Founding Fathers) 중 한 사람

- 미국식 공화제를 디자인함
  : 사법부를 독립시킴, 위헌법률심사제도

제임스 매디슨
(James Madison)
(1751~1836)

질문 7   메디슨이 디자인한 미국식 공화제의 구조를 설명해 봅시다. 메디슨은 권력이 체크 앤 밸런스를 이루도록 할 때 무엇을 가장 경계했으며 그것을 무엇으로 견제했나요?

uide 1

> 　민주주의를 크게 두 개로 나누면 '직접 또한 참여 민주주의', 그리고 '자유 또는 대의 민주주의'가 있어요. '직접 또는 참여 민주주의'라는 게 뭐냐면, 여러분이 시민으로서 공공업무에 대한 의사결정을, 정치적인 결정을 할 때 직접 참여하는 것만이 진짜 민주주의라는 거예요. 대중이 직접 지배해야 한다는 거죠. 교회를 기초로 종교개혁의 산물로 나온 게 바로 저 '자유 또는 대의 민주주의'예요. 선출된 공직자가 법의 지배의 틀 내에서 시민들의 이익과 의견을 대표하는 책임을 지는 것이 이것이죠. 여기서 중요해지는 게 법의 지배(rule of law)예요. 미국 헌법을 디자인한 제임스 매디슨[50] 스타일이 여기서 제도화돼.

uide 2　민중이 지배하는 사회를 만들자고 외치는 이들의 목적은 사실 민중을 선동해서 현재의 정치권력을 제거하고 자신들이 권력을 독점하려는 것입니다. 그 과정에서 민중이 지배하는 것처럼 보이게 하기 위해 위원회 정치를 내세우지만 전문적이지 않고 실력이 갖춰지지 않은 위원회가 제대로 돌아가는 것은 불가능합니다. 결국 위원회는 외부적인 형식에 그치게 되고 실제 권력은 민중을 선동한 소수들이 독점하게 됩니다.

> 　지구상에 존재했던 지식인 중에 사기꾼들은 항상 뭘 강조하냐면, '민주주의 하고 싶지? 대중이 지배하는 것, 다중의 지배, 민중이 지배

---

50) 제임스 매디슨 (James Madison, 1751~1836). 미국의 제4대 대통령(재임 1809~1817)이자 정치학자. 헌법제정 회의에서 헌법 초안 기초를 맡아 '미국 헌법의 아버지'로 불림. (두산백과)

하는 세상을 만들어 보세' 이렇게 얘기해. 그러면 이들이 만드는 세상에서는 민중이 어떻게 직접 지배를 해요? 그러니까 이분들이 위원회 정치를 해요. 기존의 헌법이 규정한 통치구조, 삼권분립에 의해서 의회가 작동되고 사법부가 기능하고 행정부가 돌아가고, 이것을 무시하고 항상 위원회를 앞세워. 그래서 물관리 한다고 '물 위원회'를 만들었거든요? 그랬더니 물이 안 나와. 항상 그래요. 의료 위원회 만들면 수술을 못 해요. 다 죽어요. 전문가를 배제하고 어떻게 수술을 해요. 원전 할까 말까를 쌀집 아저씨가 결정하면 어떻게 할 건데요. 그럼 인제 전기 끊겨요. 민중의 지배는 현실적으로 불가능합니다. 그래서 이게 다 거짓말이다. 다 죽는다. 정신 차려야 해요.

Guide 3

민심이 어디서 천심이야. 그게 개판 치자는 얘기지. 무질서 폭도인데. 그래서 제가 성경적으로 설명을 해드립니다. 모세가 갔는데 안 와. "짜증 난다 야" 그럼 민심이 어때? "야, 금송아지 만들자" 이게 민심이에요. 금송아지 만들고 좋아했는데 모세가 돌아왔어. 그러면 짜증 나니까 "모세 죽이자" 이게 민심이에요. 우아, 혁명이다. 그럼 어떻게 돼? 다 죽어요.

그러니까 여러분이 착각하는 게 뭐가 있냐면, 다수가 모든 것을 결정할 수 있으면 여러분의 자유를 뺏는 것에 관해서도 결정할 수 있어요. 예를 들어서 다수가 모여서 '쟤는 얄미우니까 쟤 권리를 뺏자' 이렇게 다수가 결정하면 뺏을 수 있는 거예요. 다수에게 권리를 뺏기는 그 개인이 바로 여러분이 될 수도 있어요.

Guide 4

그러니까 자유를 추구하려면 뭐가 제일 좋을까 그랬더니 권력이 합쳐져 있으면 위험하니까 이걸 쪼개서 서로 감시하게 만들어요(체크 앤 밸런스). 그래서 공화제가 나온 거예요.

공화제는 체크 앤 밸런스가 기본이죠. 대통령(행정부), 의회, 사법부, 권력을 나눠놓고 서로 뭘 합니까? 체크 앤 밸런스(견제와 균형)을 이루게 합니다. 이게 권력분립의 핵심입니다. 그러니까 견제와 균형이 이뤄지지 않는 곳은 공화제가 제대로 세팅된 곳이 아닙니다. 예를 들어 김정은의 권력을 누가 체크하고 누가 밸런스를 맞춥니까? 시진핑의 권력을 누가 체크하고 누가 밸런스를 맞춥니까? 이러면 민주(民主)가 될 수가 없어요. 국민이 주권자로서 주인 노릇을 행사하려면, 권력끼리 체크 앤 밸런스가 되어야 그게 가능한 거예요. 그러니까 우리가 말하는 민주주의는 뭘 의미하냐? 공화제가 세팅된 민주주의를 얘기하는 거예요. 국가권력이 서로 견제와 균형을 이루면 최고 권력자라고 해도 맘대로 할 수 있는 게 아니죠.

미국이 이 제도를 세팅할 때, 인류가 가졌던 제도들에 최대 장점을 뽑아낸 거예요. 군주제가 가진 장점은 강력한 리더십을 발휘할 수 있고 안정적으로 이끌어 갈 수가 있죠. 그런데 강력한 통치는 가능한데 우리 기본권을 뺏을 수도 있고, 침해할 수도 있고, 복잡한 문제가 생겨요. 그러니까 어떻게 합니까? 의회를 만드는데 상원과 하원으로 나눠 놔요. 그러니까 상원은 뭘 본떴을까? Senate이 뭡니까? 로마의 제도 중에 귀족원을 본떴죠. 그다음에 민회를 본떠서 하원을 만든 거예요. 그래서 얘네 둘이 또 서로 상호 견제와 균형을 이루게 하죠. 그리고 사법부가 매우 중요한데, 사법부의 독립을 실현해요. 이게 서로 체크 앤 밸런스를 이루게 합니다.

공화제 안에서는 각자가 자유로운 주체예요. 누구도 지배되지 않습니다. 이게 비지배의 원리예요. 예를 들어서 교수와 학생의 관계에서 교수는 학칙에 맞게 학생을 가르치고 지도할 수는 있지만 학점이나 학위를 빌미로 절대 그 학생의 인격을 지배할 수 없어요. 그러려면 뭐가 실현돼야 해요? 반드시 법이 부여한 권한만 행사하는 거예요. 그러니까 법치가 전제가 돼야만 공화제가 작동이 되고 체크 앤 밸런스가 이루어지죠? 그 안에서 법이 부여한 파워만 행사될 때 각 구성원들 각자가 누구의 지배도 받지 않고 자유로울 수 있습니다.

Guide 6　인간의 역사에서 권력 남용 문제(법을 넘어서는 권력행사)는 항상 민주주의를 파괴하고 개인의 자유를 침해했기 때문에 법을 넘어서는 권력 행사를 잘 컨트롤하는 것이 중요합니다. 그러나 권력과 권위를 구별하지 못하면 성숙한 사회에 꼭 필요한 권위를 해체하는 것을 마치 권력을 컨트롤하는 것인 양 오해하고 이것이 민주주의인 것처럼 착각하게 됩니다.

그러니까 무슨 얘기냐면 권위를 해체하는 것과 권력(power)을 법에 맞게 컨트롤하는 것은 다른 문제다. 한국이 어리석게도 "야, 민주화하자!" 그럼 무슨 짓거리를 하냐면, 권위를 해체하는 게 민주화인 줄 알아요. 이게 뭐냐면, 중국 공산당이 하는 문화혁명의 스타일입니다. 그건 결코 민주주의가 될 수 없어요. 예를 들어 이런 거예요. 수술방에서 교수님의 권위를 해체하고서 "와 민주화다!" 그러는 거죠. 교수님이 "야, 지금 째라." 그러면 "싫은데요." "(교수) 왜 싫어?" "제가 배우는 교과서에서 이렇게 안 나와요." 교수님이 뚜껑 열려. "(교수) 그 교과서 내가 썼어! 좀 자르면 안 되겠니?" "제 의사도 들어주십시오!" "(교수) 넌 누구냐?" "인턴입니다." "(교수) 지금 약물을 투입합시다." 그러면 "절대로 안 되는데요?" "(교수) 당신 누구야?" "수간호사인데요." 이러면서 끝장토론을 벌여. 그런데 합의가 안 돼. 그래서 결국 다수결로 정하고 보니까 환자가 죽었어. 이걸 민주화라 그러

면 그걸 뭐라 그런다고요? 영구와 땡칠이의 민주화. 그건 민주화가
아니라 바보화입니다.

> 99

Guide 7　메디슨은 다수의 궐기를 가장 경계했으며 그것을 견제할 수 있는
장치를 고안했습니다.

> 66

　다수의 어리석은 얘들이 진리가 되면 망하는 거예요. 그래서 그 견
제장치로 뭘 생각했냐면, 두 개인데 미국의 주들이 합쳐서 연방[51]을
해야 되잖아요. 이 때 인구 비례해서 대표를 안 뽑고 각 주마다 인구
가 많든 적든 상원의원을 두 명씩 정해서 합의를 보게 한 것. 이게 민
중이 궐기할 때 컨트롤 할 수 있는, 체크 앤 밸런스할 수 있는 장치
중의 하나입니다.
　또 하나가 사법부의 위헌심사제도예요. 만일 내일 갑자기 사람들이
다 미쳐서 사유재산 폐지법 이런 걸 만들려고 해요. 만약에 의석을 8
0%를 장악한 세력이 밀어붙이면 막을 수가 없잖아. 그래서 그 법이
통과돼서 시행돼. 그러면 헌법에 사유재산권이 명시되어 있기 때문
에 위헌으로 날려버리면 됩니다. 누가 헌법소원을 내면 막을 수가 있
어요. 그러니까 대중이 다 미쳐도 사법부가 그걸 견제할 수 있다. 그
래서 마지막에 사법 엘리트들이 대중이 미쳐서 이상한 방향으로 갈
때 '미국 헌법 정신을 떠올려서 제동 걸어 주세요.'해서 위헌심사제
도를 넣은 거예요.

> 99

---

[51] 연방(聯邦, federal states). 자치권을 가진 복수의 국가가 공통된 정치이념과 공
통된 대외정책을 갖고 종합적인 하나의 국가를 형성하는 것. (이종수, 『행정학
사전』, 대영문화사, 2009)

성경적세계관
법정치 기본2강

~

진리를 알지니 진리가 너희를 자유롭게 하리라
그들이 대답하되 우리가 아브라함의 자손이라
남의 종이 된 적이 없거늘
어찌하여 우리가 자유롭게 되리라 하느냐
예수께서 대답하시되 진실로 진실로 너희에게 이르노니
죄를 범하는 자마다 죄의 종이라

(요 8:32~34)

〈법정치 기본2강 수강을
위한 QR코드〉

카메라를 켜서
QR코드를 인식하면
해당 유튜브 강의로
이동합니다

민주주의의 핵심, 책임질 수 있는 개인

스터디 목표 🔍 근대적 의미의 개인은 어떤 존재이며, 개인의 등
장이 자유민주주의를 어떻게 가능하게 했는지
이해하고, 나는 하나님 앞에 선 개인인지 성찰해
봅시다.

핵심 키워드 💡 #개인의등장 #윤리적책임 #공화적시민

자유민주주의 = 자유주의 + 공화주의 + 입헌주의

- 공화주의 : **개인의 자유를 보장하는데 가장 탁월**

- 입헌주의: 이것을 **법으로 제도화**

- 자유주의
: 전제정과 절대주의 및 종교적 불관용에 맞서 **선택의 자유와
이성 및 관용의 가치를 지지, 고무하려는 시도**
ex) 미국헌법의 국교부인의 원칙(정교분리조항)

질문 1 '전제정[52], 절대주의, 종교적 불관용에 맞서서 선택의 자유와 이성,
관용의 가치를 지지하고 공유한다'는 의미의 자유주의에 대해 설명
해 보세요.

---

52) 전제정(專制政). 군주·귀족·독재자·계급·정당의 어느 것이나를 불문하고, 지배자
가 국가의 모든 권력을 장악하여 아무런 제한이나 구속없이 마음대로 그 권력을
운용하는 정치체제. (두산백과)

자유민주주의를 가능케 한 개인의 탄생

- 근대성(Modernity), 시민으로서의 개인
- 종교개혁으로 등장
- 하나님 앞에 책임을 지는 행위주체,
  윤리적 책임의 주체

하나님 앞에 선 개인

- 하나님 앞에 책임을 지는 행위주체(노예가 아님)
  → 하나님나라 백성이자 지상의 공화적 시민
  → 존귀한 존재로 자유가 부여됨
- 윤리적 책임의 주체
  → 하나님과 언약(Covenant)를 맺고 윤리적 책임을 지는 존재로 격상
  → 자연법(하나님이 인간에게 주신 법)을 지킬 수 있는 존재가 됨
  → 실정법 체계도 바뀜

질문 2 근대적 개인은 어떤 존재인가요? 근대적 개인이 등장하지 못하면 자유민주주의는 왜 불가능한가요?

"개인은 하나님에 대한 의무와
자연법에 의해 통치된다."

"자연법은 자살해서는 안 되며
서로를 지키려고 노력해야 하고
서로의 자유를 침해하면 안 된다"등의
도덕적 기본원칙

소유권 : 생명, 재산, 자유
입헌정부 / 민주적 대의정부

존 로크
(John Locke, 1632-1704)

질문 3 존 로크[53]가 입헌주의와 자유주의에 남긴 업적을 그의 기본권(자연권) 이론으로 간략히 설명해 봅시다.

---

53) 존 로크 (John Locke, 1632~1704). 영국의 철학자 정치사상가, 계몽철학 및 경험론 철학의 원조. (두산백과)

공화국인데 성군을 원하는 백성들

[시민편집인의 눈] '악어의 눈물' / 고영재

f ♥ ↗ ★ 🖶   + −

그러나 대통령이 흘린 눈물의 진정성은 어디로 갔는가. 적폐를 해소하겠다는 대통령의 의지는 믿어도 좋은가. 대통령은 공직사회의 적폐를 제대로 이해하고는 있는가. 새 시대를 열겠다는 대통령의 다짐은 과연 고뇌와 결단의 산물인가. 대통령은 정녕, 갈기갈기 찢긴 민심을 어루만지고 보듬으려는 어머니의 마음으로 눈물을 흘린 것인가.

이 제왕적 통치스타일이 바뀌지 않으면 두고두고 민심의 저항에 부닥칠 것이다. 국민과 소통하고 민주적 절차를 존중하는 '기본'이 절실히 요구된다. 청와대가 마음먹고 철저하게 변신하면 정부 부처는 저절로 바뀌게 마련이다. 대통령은 적폐의 최고 책임자이자 그 적폐를 해소하는 열쇠의 소유자인 셈이다.

질문 4 그동안 우리의 정치의식은 한국의 대통령들에게 공화국의 대통령을 기대했는지, 조선의 왕(성군)을 기대했는지 반추해 봅시다.

질문 5　　공화적 시민[54]은 어떤 사람들인가요?

---

54) 공화적 시민. 사적(私的) 이익보다 공공(公共)의 이익을 우선하여 조국에 헌신하는 정치적 주체로 공화국(res publica)은 그러한 공민적 덕(civic virtue)이 없으면 존재할 수 없음. (21세기 정치학대사전, 한국사전연구사)

전통은 만들어가는 것

조지 워싱턴
(George Washington,
1732~1799)

- 미국 독립전쟁이 시작되자
  식민지군 사령관으로 취임

- 명석한 판단력과 탁월한 지도력으로
  악조건과 싸우면서 끝내 승리를 거두어
  미국이 탄생, 초대 대통령으로 취임

- 대부분의 국민들은 대통령이란 자리가 무엇인지
  이해하지 못하고 선출된 국왕이라고 생각
  → 워싱턴이 헌정과 공화국의 전통을 만들었다

질문 6 '정치전통(공화국의 전통)은 만들어가는 것'이라는 말의 의미는 무엇인지 생각해봅시다. 앞선 정치지도자들이 잘했던 부분을 제대로 평가하는 것은 공화국의 정치전통을 세워나가는데 매우 중요합니다. 정치지도자의 공과(功過)를 구분하여 바라보지 못하고 과(過)에만 포커싱하도록 선동당하는 우리의 정치의식이 대한민국의 정치전통에 어떤 악영향을 미쳐왔을까요?

Guide 1   자유주의에 대한 설명에는 다양한 스펙트럼이 있을 수 있는데 종교의 자유를 보장하기 위한 시도들이 자유주의의 출발이 되었고 '미국 헌법의 국교 부인의 원칙'은 이런 자유주의의 원리들이 법과 제도로 완전히 정착한 것이라는 점에서 의미가 깊습니다.

자유주의는 논쟁적 개념인데 오늘은 뭘 기억해야 하냐면 전제정, 절대주의, 종교적 불관용에 맞서서 선택의 자유와 이성, 관용의 가치를 지지하고 고무하려는 시도예요. 그러니까 미국 헌법의 국교 부인의 원칙, 이걸 정교분리 조항이다 이렇게 표현하죠. 자유주의가 여기(종교의 자유를 보장하는 것)에서 출발하는 거예요. 그러니까 무슨 얘기냐면 영국에서 청교도들이 국교인 성공회 때문에 이등 시민으로 추락해서 종교의 자유를 찾아서 미국으로 왔죠. 그런데 '청교도적 회중 교회만 진짜 교회고 나머지는 금지' 이러면서 침례교인들을 물에 빠뜨려서 죽이고 이런 짓 한단 말이죠. 그래서 '이런 거 하지 마!' 그게 뭐라고요? 국교 부인의 원칙이에요. 그러니까 어떻게 돼요? 침례교든 장로교든 모두가 자유를 가져요. 기가 막힌 거죠. 그래서 미국 헌법 전체에서 탁월한 것. No Establishment. 국교부인. 그게 위대한 실험이었다.

Guide 2   근대적 개인은 성경을 직접 읽고 직접 하나님께 기도하면서 탄생한 하나님 앞에 선 윤리적 책임을 지는 행위 주체를 말합니다. 책임을 지는 존재이기에 자유를 누릴 권리가 부여되고 자유민주주의의 주체가 될 수 있습니다.

이 개인은 두 나라에 속해 있는데 먼저 하나님 나라의 백성으로, 더 이상 노예가 아닌 예배드릴 자유를 가진 존엄한 존재입니다. 또한 이 개인은 지상 나라의 시민으로, 자유를 지키기 위해 현실 정치에 적극적으로 참여하는 주체이자 자연법에 기반한 공동선을 실현하기 위해 이기심을 컨트롤할 수 있는 윤리적인 존재입니다.

여기서 개인이 탄생하지 않으면 자유주의, 공화주의, 입헌주의가 다 안 돼요. 서구에서 탁월하게 이 세 가지를 합체시킨 자유민주주의 모델이 나왔던 근본 원인이 어디 있냐면 종교개혁의 개인의 등장 때문이에요.

그럼 개인의 등장이 무슨 의미냐면 하나님 앞에 내가 책임을 지는 행위 주체로 처음으로 등장했다는 말이에요. 그러니까 말씀을 직접 읽고 묵상하고 기도하는, 하나님 앞에 선 개인은 하나님과 Covenant(언약)을 통해 더 이상 노예가 아닌, 책임을 인식할 수 있는 존재로 격상돼. 윤리적 책임을 지는 거예요. 하나님 앞에서의 의무와 책임. 그러니까 책임을 지는 존재니까 이 사람은 존귀하니까 자유가 부여 돼요.

존 로크, 이분이 자유주의와 입헌주의 역사에 아주 탁월한 업적을 남겼어요. 로크가 강조한 권리가 생명, 재산, 자유인데 이거는 하나님이 주신 권리(자연권)이기 때문에 소유권 개념도 뭐냐면, 이 권리(생명, 재산, 자유)를 우리가 소유해요. 하나님이 우리에게 주셨기 때문에 세속의 법이나 권력이 침해할 수 없어요. 이걸 침해하면 위헌이 되도록 그 구조를 디자인한 게 입헌주의의 출발이에요. 그러니까 착각하면 안 되는 게 자유는 한계가 없을까요? 한계가 있어 자유는 제한되지만, 자유의 본질은 침해할 수 없어. 이게 '기본권의 본질은 침해할 수 없다' 이렇게 근대법의 정신, 입헌주의 정신으로 정착하는 거예요. 그 출발을 위대한 로크가 열었어. 이분이 사회계약론 주장하시는 분 중에 제일 신앙심이 깊었어요. 그래서 입헌 정부, 민주적 대의 정부가 가능해지는 거야 제도적으로. 그러니까 뭐예요? 이게 자유주의의 출발이에요. 개인의 자유를 너무 중시해서 국가가 그것을 함부로 침해하지 못하도록 (법으로) 세팅해.

그래서 이걸 봐야 해요. 이게 '악어의 눈물'이라는 건데 내가 영국에 있을 때 이 칼럼을 보고 쓰러질 뻔했어요. 고영재라는 사람은 누구냐면 경향신문 사장을 했던 사람인데 한겨레에다 이런 걸 기고했어. 악어의 눈물이 박근혜 대통령이 왜 안 우냐고 난리를 치다가, 울었더니 또 그게 악어의 눈물[55]이다 이렇게 한 거야. 읽어보면 핵심이 뭐냐면, 봉건적 정치의식으로 가득 차 있다. 그러니까 박근혜라고 하는 공화국의 대통령을 왕으로 생각해요. 근데 성군이 아니고 폭군이다. 그 말이에요. 그래도 신문사 사장까지 한 사람이 이 정도로 정치의식이 천박할까 했는데 그게 우리나라 수준이에요. 그러니까 선동이 되는 거예요.

그래서 공화적 시민을 양성하는 게 PLI예요. 그러려면 시민 본인이 정치주체라는 각성이 있어야 해요. 뭐냐면 ①내 개인의 자유가 중요하면 개인만 생각하지 않고 이 리퍼블릭을 수호해야 돼. 그러니까 리퍼블릭에 대한 애국심이라든가 여기에 대한 강력한 의식이 생기는 거예요. 그리고 ②참여하려고 하고. 그러니까 쟤네들이 말하는 참여 민주주의가 아니고. 참여자 관점의 ③탁월한 도덕성을 갖춘 시민들이 등장하는 거예요. 이래야 자유민주주의가 작동을 해요.

---

55) 악어의 눈물. 거짓 눈물 또는 위선적인 행위를 일컫는 용어. (시사상식사전, 박문각)

우리가 건국 이래에 어떤 전통을 만들어 낼 것이냐 할 때, 전통은 만드는 겁니다. 무슨 얘기냐면 이승만에 대해서 우리가 가타부타 말이 많잖아요. 그런데 저 같은 전문가한테 30분만 딱 주고 '조지 워싱턴을 악마로 만들어주세요' 하면 바로 만들 수 있어요. '쓰레기로 시궁창에 넣읍시다' 그러면 바로 만들 수 있어요. 그러니까 그게 어리석은 짓이다 그 말이에요. 이분이 양면이 있는 거지. 인간 중에 완벽한 사람이 어디 있어. 여러분은 완벽해요? 그래서 제가 그랬어요. 학생들에게. 어떻게 한 인간을 정치사적으로나 역사적으로 평가할 때 그렇게 심플할 수가 있냐. 영웅 아니면 쓰레기. "그럼 너는 아메바냐?" "아닌데요?" "너도 복잡하냐 내면이?" "네" 그런데 이승만은 안 복잡하냐? 그걸 이해를 해줘야 해요.

그러니까 앞선 정치지도자들의 공과를 객관적으로 살펴서 자랑스러운 대한민국이라는 공화국의 전통을 만들어야 하는데 그게 우리에게 남겨진 숙제입니다.

성경적세계관
법정치 기본3강

~~

내 아들아 악한 자가 너를 꾈지라도 따르지 말라

(잠 1:10)

〈법정치 기본3강 수강을
위한 QR코드〉

카메라를 켜서
QR코드를 인식하면
해당 유튜브 강의로
이동합니다

자유민주주의의 적: 사회주의

스터디 목표 🔍 사회주의의 특징에 대해 이해하고 자유민주주의를 지키는 방법에 대해 생각해봅시다.

핵심 키워드 💡 #상황악화가_기회 #정실주의
#양극화와_사회주의

공산주의 승리와 실패의 세계사

COMMUNISM
A WORLD HISTORY

마르크스에서 카스트로까지,
공산주의 승리와 실패의 세계사

코뮤니스트

로버트 서비스 저

"1929년 대공황 당시, 모든 지역의 공산당들이 지구적 규모의 재정위기에서 혜택을 보기를 기대했다. 상황이 악화될수록 혁명의 전망은 밝아진다." (p.269)

"레닌과 볼셰비키에게 사회주의란 공산주의의 하위단계였다. 그러나 볼셰비키는 여전히 자신들을 공산주의자일뿐 아니라 사회주의자라고 불렀다." (p.174)

질문 1 사회주의자(공산주의자)들이 사람들을 선동하기 위해서는 어떤 상황이 되어야 하나요?

사회주의들의 특징 - 정실주의

- 정실주의(情實主義, patronage system)
  : 실적을 고려하지 않고 정치성·혈연·지연·개인적 친분 등에
   의하여 공직의 임용을 행하는 인사관행 내지 제도

- 중국의 '꽌시'

- 소련의 '블라트'

질문 2   사회주의(공산주의)자들의 정치적 특징인 정실주의에 대해 얘기해
봅시다. 현재 한국에서 공화주의의 삼권분립이 붕괴하고 정실주의
로 가고 있는 것을 보여주는 예를 들어봅시다.

106

질문 3 슘페터 이론에 대해 간단히 설명해보세요.

질문 4 중산층이 몰락하고 양극화가 심화되면 왜 사회주의가 급속화되는지 생각해봅시다.

미국 공산당의 활동

거스 홀
(Gus Hall, 1910~2000)
미국 공산당 서기장(41년간)

- 인종갈등을 파고듦
  : 흑인들을 모스크바 동방노력자공산대학으로 보내라
   남부에 흑인을 위한 독립공화국 건설계획 유포

- 소련에 복종
  : 북한에 복종하는 한국 주사파들과 유사

미국의 승리 - 캠퍼스 부흥운동

[에즈베리대학에서 1950년에 있었던 부흥운동]

　20년 후인 1970년 예배는 학생들의 공개적인 죄의 고백과 회심의 경험을 나누는 시간으로 이어졌으며, 밤낮없이 8일 동안 185시간이나 계속되었다. 큰 은혜를 체험한 학생들은 방학동안 전국의 대학들을 방문하며 에즈베리에서의 캠퍼스 부흥에 대하여 간증하였는데, 이에 영향을 받은 130개 대학교와 신학대학원, 신학교(Bible School)에서도 큰 부흥이 확산되었다.

질문 5　미국공산당이 실패한 원인은 무엇인가요? 사회주의가 기승을 부리는 우리나라를 보면서 크리스천인 우리가 성찰해야 할 점은 무엇일까요?

Guide 1

내가 이 좌파들을 싫어하게 된 이유가 세계 정치사를 통해서 보면 남 안 되는 걸 좋아해. 그리고 갈등을 좋아해. 얘들한테는 이게 기회예요. 1929년에 '대공황'이 오니까 기업이 쓰러지고 사람들이 배가 고프고 일자리가 없고 막 무너지는 거죠. 그러니까 이때가 혁명의 기회다 이렇게 된 거예요. 국제 공산당 코민테른[56]이라고 있는데 위축됐던 얘들이 지금 전 세계를 공산화할 수 있겠다 이렇게 생각한 거죠. "상황이 악화될수록 혁명의 전망은 밝아진다." 그러니까 얘들과 이웃이 안 되는 게 최고예요.

Guide 2

그러니까 이들은 혁명을 얘기하지만, 시스템을 붕괴시킨 다음에 정실주의를 해요. 원래 사회주의자들의 특징이에요 정실주의. 그러니까 누가 부총리가 되든 안 되든 상관이 없어 어차피 내각을 제치고 할 거기 때문에. 그러니까 개헌안을 얘기할 때도 원래 법무부 장관이 브리핑해야 정상인데 조O 교수가 하잖아. 민정수석[57]이. 민정수석이 왜 하죠? 대한민국 헌법의 통치구조 내에서 정해져 있는 게 있잖아요. 그러니까 대통령 안을 내라는 거는 대통령 개인 안이 아니라 행정부 안을 내라 그거야. 삼권분립이니까. 그러기 때문에 내각이 심의하게 되는 거야. 그런데 40분 만에 심의를 끝냈는데요? 헐~. 그래서 그게 헌법 89조[58]위반이라고 그랬죠. 그래서 내가 뭐라고 그랬

56) 코민테른 (Comintern = Communist International). 1919년 모스크바에서 창설된 공산주의 국제 연합. 제3인터내셔널이라고도 함. 마르크스·레닌주의에 기초하여 각국의 공산당에 그 지부를 두고 각국 혁명운동을 지도·지원함. 43년 해산되었으며, 한국공산주의 운동도 이와 밀접한 관계를 맺으며 전개됨. (한국근현대사사전, 가람기획)

57) 민정수석. 민정, 공직기강, 법무, 반부패 등의 업무를 수행하는 대통령비서실 소속 민정수석비서관. (시사상식사전, 박문각)

어요. 페북에. 헌법을 위반해서 헌법을 개정하려고 하는 게 말이 되냐. 허영[59]교수님도 치고 나오시고.

uide 3

조지프 슘페터인데 이 양반은 '결국은 사회주의로 이행한다.' 라고 주장했는데, 맑스와는 달라요. 슘페터는 기업가 정신을 강조해요. 그러니까 뭐냐면, 자본주의가 굴러가다가 여러 가지 어려움에 처하고 자체 모순에 부딪히는데 생명력이 강해. 왜 그러냐면, 기업가 정신이 확 혁신을 해버려. 그러니까 뭐냐면 이게 쉽게 얘기하면 돌아이 하나가 나타나서 판을 바꿔. 애플이 딱 나타나. 그리고 구글이 딱 나타나 이런 애들이 창의적으로. 그걸 받쳐주는 시스템만 있으면 이게 확 뒤집히고 확 뒤집히고. 자꾸 이제 경제가 이러다가도(안 좋다가도) 그런 애들이 나와서 앞에까지 있었던 모든, 그 뭡니까 내려오던 것들을 한방에 뒤집는 혁신 이런 게 가능한 구조기 때문에 이게 생명력을 가져요. 이게 기업가 정신, 창의적 기업가 정신.

그런데 문제는 뭐냐면 그렇게 하더라도 자본주의가 굴러가다 보면 관료조직이 늘어가요. 그러니까 삼성이 커지다 보면 기획력 있는 애들이 관료가 돼. 이러면서 결국은 중앙통제 쪽으로 가요. 그러니까 여기서 슘페터가 '사회주의적'이라고 표현하는 것은 계획적인 중앙통제를 얘기하는 거예요. 그러니까 엘리트들이 계획을 세우고 그거에 맞춰서 돌리는 거. 자유롭게 풀어놓고 알아서 돌아가는 방식이 아니고. 그게 사회주의화 된다는 거예요. 결국은 발전된 사회는 관료층이 늘어나고 지식인층이 증가하기 때문에 관리, 통제, 관료제[60]적 구조가 강화되면서 중앙 컨트롤 방식으로 가게 돼. 그걸 얘기하는 거예요.

문제는 뭐냐면 이때 이 사회주의화가 되는 그 구조 중에 뭐가 있냐면, 양극화 문제가 있어요. 양극화가 되면 전통적인 부르주아[61]들이 힘이 빠져요. 그러니까 뭐냐면 항상 자유민주주의 체제가 잘 유지되고 자본주의가 건강하게 굴러가려면 중산층[62]이 중요해요. 중산층이 나와 줘야 해요. 그러니까 항상 얘기하는 게 중국이 제대로 된 입헌주의, 헌정주의[63]를 못 하는 게 부르주아적 상상력을 문화혁명으로 싹 제거했기 때문이에요. 그러니까 어느 사회든 부르주아적인 상상력이 꽃필 때 가장 발전해요. 법문화도 그렇고. 종교개혁의 핵심인사들이 튼튼한 중산층이야. 지식층이고. 그러니까 서구정치가 가능했어요. 그걸 염두에 둬야 해.

그런데 양극화가 되면서 어떻게 돼요? 그 전통적 부르주아들이 힘이 빠지고 양극화가 되면서 또 어떻게 되냐면 여러분이 잘 생각해 봐요. 가난할 때는 오히려 불만이 적어. 그런데 고기도 먹어본 놈이 먹는다고 맛을 본 애들이 불만이 더 많아. "이거는 마블링이 없잖아요.", "소고긴데 그냥 먹으면 안 되겠니" 그랬더니 "마블링이 없어요." 그렇게 되는 거예요. 그럼 어떻게 돼? 그게 지금 우리 현상이에요. 이럴 때 급속도로 사회주의화 과정으로 갈 수 있어요.

---

60) 관료제(bureaucracy, 官僚制). 전문적인 능력을 소유함으로써 임명된 행정관(관료)이, 국민에 대한 민주책임의 보장을 면제받고, 정치지도를 행하는 통치제도. (두산백과)

　　미국의 승리는 어떻게 왔냐. 중요한 순간마다 뭘 부흥을 해. 그러니까 좌파 입장에서. 사회주의자 입장에서 봤을 때 열 받는 거지. 이래서 은혜 받으면 혁명 의지가 없어진다니까. 그래서 "에즈베리 대학" 하나만 있었던 게 아닌데 대표적으로 이걸 말하는 거야. 50년에 한 번 왕창 있었다가 또 70년에 터져요 이게. 그래서 공개적인 죄의 고백, 회심, 그러니까 구조가 비슷해요. 그, 역사에서 부흥이 일어날 때는 항상 죄를 각성하고 회심, 회개를 해. 그리고 말씀으로 돌아가. 이러면 부흥이 돼. 근데 그게 엄청난 속도로 번져요. 그래서 이 은혜를 체험한 게 8일 동안 185시간, 이게 가능해? 그러니까 뭐냐면 좌파적 관점에서 "8일 동안 185시간 시위해봐." 하면 힘들거든. 그런데 애들은 감당한다 이거야. 영상을 보면 또 좋아해. 막 울면서. 그래서 이게 전미에 퍼졌다. 이거야. 그래서 큰 부흥이 확산됐다. 이러면 공산당이 안 먹혀요. 근데 또 신기한 게 뭐냐면 반기독교 정책 날려버리는 정치가 어떻게 일어나냐면 저걸 기반으로 하는 거야. 그러니까 부흥의 불길이 쏴 훑어가면 거기서 또 중요한 사람들이 등장해서 후배도 키우고 밑에 애들 키워서.

---

61) 부르주아(Bourgeois). 생산수단을 소유하지 못한 무산계급(proletariat)에 대한 반동적 자의식을 가진 유산 계급. 부르주아(Bourgeois) 계급은 구체적으로 16세기 지리상의 발견이나 해상 무역의 확대로 인해 경제적 실권을 쥐게 된 상인이나 지주 계층을 의미함. (문학비평용어사전, 국학자료원)

62) 중산층(中産層). 경제적 수준이나 사회문화적 수준이 중간 정도 되면서 스스로 중산층 의식이 있는 사회 집단. 구중산층은 일반적으로 마르크스(Karl Heinrich Marx)가 말한 중소 상공업자·자영농민·장인 등의 프티 부르주아(소시민)를, 신중산층은 경영자·사무원·관료와 같은 화이트칼라를 의미함. (한국민족문화대백과, 한국학중앙연구원)

63) 헌정(憲政, constitutional government). 입헌정치 즉 헌법에 의거해 법을 존중하는 정치를 말한다. 헌정은 근대 헌법의 특징이 되고 있는 법치주의, 기본적 인권의 보장, 권력 분립이 확보되어야만 가능함. (행정학사전, 대영문화사)

성경적세계관
문화제도

성경적세계관
문화제도 기본1강

~

누가 철학과 헛된 속임수로 너희를 사로잡을까 주의하라
이것은 사람의 전통과 세상의 초등학문을 따름이요
그리스도를 따름이 아니니라

(골 2:8)

〈문화제도 기본1강
수강을 위한 QR코드〉
카메라를 켜서
QR코드를 인식하면
해당 유튜브 강의로
이동합니다

세계를 바꾼 68혁명

스터디 목표 🔍 68혁명의 성격을 이해하고 그것이 어떻게 유럽의 프로테스탄티즘을 무너뜨릴 수 있었는지 그 과정을 파악해 봅시다.

핵심 키워드 💡 #마오의_문화혁명 #성혁명
#법을_바꾸는_혁명

68혁명 : 세계를 바꾼 문화혁명

- 68혁명이란?
  : 1968년 5월 프랑스에서 학생과 근로자들이 일으킨
    사회변혁운동으로 프랑스뿐만 아니라 미국, 일본, 독일 등
    국제적으로 번져나감

- 68의 정신들이 법과 정책, 제도로 등장

- 문화혁명: 삶의 방식인 문화를 바꾸는 혁명

새로운 문화혁명 : 체제가 아니라 사람을 바꿔라

마오 쩌둥
(1893~1976)

의식이 존재를 규정한다
: 혁명이 성공하려면 체제가 아니라
  사람이 바뀌어야 한다

인간 개조의 용광로
: 개조가 되지 않으니 시체가 산으로 쌓임

마오의 문화혁명과 68혁명

홍위병 : 중국문화혁명 초기
마오쩌둥이 주도한 권력투쟁의
선봉에 섰던 학생 전위대

구시대로부터의 해방을 명분으로
폭력을 행사하며 많은 이들(교사,
지식인, 지도자들)을 처형했다.

68의 유럽 젊은이들은 모든 권위를
해체하는 마오의 문화혁명이론에
열광했다.

질문 1 　유럽의 68혁명[64]이 기존의 공산주의 혁명과 다른 점은 무엇인가
요? 68혁명에 마오[65]의 문화혁명이 어떤 영향을 미쳤는지 정리해 보
세요.

[64] 68혁명(5월혁명, Revolution de Mai). 1968년 5월 프랑스에서 일어난 사회변
혁운동.

[65] 마오쩌둥 (毛澤東(모택동), Mao Zedong, 1893~1976). 국민당 장제스와의 내전
에서 승리하고 베이징에 중화인민공화국 정부를 세움. 제1대 국가주석. 대약진
운동의 실패로 수천만의 인민이 죽자 실각됨. 이후 문화대혁명을 일으켜 자신의
권력을 강화함. (두산백과)

68혁명은 어떻게 세상을 바꾸었나

- 히피 문화에 철학자들이 이론적/철학적 토대를 제공하면서 강력해짐

- 베트남 반전운동 분위기를 타고 좌파단체들의 국제적 연대를 통해 체계화됨

- 68혁명의 세대들이 모든 사회영역의 리더들이 되면서 법을 통해 제도화됨

신좌파의 성정치·성혁명

빌헬름 라이히
(1897~1957)

**프로이드(인간분석) + 마르크스(사회분석)
성정치 성혁명의 원조**

- 성혁명 : 인간해방을 위해서는
            성해방이 전제되어야 한다

- 음란이 인권이 되는 사상적 배후

질문 2   빌헬름 라이히[66]의 성정치·성혁명 이론을 간단히 설명해 보세요. 현대사회에서 특히 교육의 영역에서 '음란(성해방)이 인권이 되는' 풍조가 이 성정치·성혁명의 결과임을 파악합시다.

---

66) 빌헬름 라이히 (Wilhelm Reich, 1897~1957). 오스트리아 태생의 정신분석학자이자 사회 운동가, 페미니스트. 유대교인이자 공산주의의 동조자였으며, 프로이트의 영향을 받은 정신분석학자. 오스트리아, 독일, 미국 등에서 성개혁 운동을 진행함. (두산백과)

사회주의자들의 혁명도구로 등장한 동성애

- 저자 : 노라 칼린,
콜린 윌슨[이스트런던 자긍심행진(퀴어행진)의 제작자]

"우리의 주적은 기독교.
기독교를 끝장내지 않고서
어떻게 자본주의와 싸울 것인가"

"동성애를 내세워서 법을 세팅하니
그 강력했던 교회가 무너지더라"

질문 3   유럽의 사회주의자들이 자본주의 체제를 무너뜨리려면 왜 교회를 무너뜨려야 한다고 했는지, 교회를 무너뜨리는 가장 강력한 수단을 무엇으로 보았는지 설명해 봅시다.

혁명전략 : 진지전과 기동전

안토니오 그람시
(1891~1937)

- 후진적인 러시아
  : 기동전만으로 가능, 볼셰비키 혁명

- 종교개혁의 전통이 강한 서구 사회
  : 장기적인 진지전 필요
    교회, 학교, 정부를 장악하라!

질문 4 그람시[67]의 기동전과 진지전에 대해 그 차이를 설명해 봅시다.

---

67) 안토니오 그람시 (Antonio Gramsci, 1891~1937). 이탈리아의 맑스주의자로
뛰어난 이론가. 이탈리아 공산당의 창설자로 파시스트 정권에 의하여 20년형을
선고받고 복역 중 1937년 옥중에서 사망. 사회발전에 있어서 이데올로기의 역할
등에 대하여 깊이 있는 견해를 개진함. (철학사전, 중원문화)

법치의 나라에서 법의 속성을 바꾸면?

- 종교개혁을 한 나라들의 특징 : 법치
  법치는 하나님의 통치방식
  기독교윤리가 체화된 곳에서 법치가 가능하다

- 68혁명 : 법치를 중시하는 사회에서
  법에 침투해서 법의 속성을 바꿔버리면
  (하나님을 대적하는 무신론, 유물론으로 채우면)
  → 하나님을 대적하는 세속국가로 변함
  → 자유를 억압해도 괜찮은 나라로 변함

질문 5 법치전통이 강력한 나라들에서 68의 세대들이 현재 진행하고 있는 혁명은 무엇인지 설명해 봅시다.

질문 6   아래의 펜앤드마이크 칼럼[68]을 읽고 동성애 문제가 다른 윤리적 문제들과 어떤 측면에서 다른 논점을 가지는지 설명해 봅시다.

---

68) 이정훈, "자유는 누릴 때 지켜야: 기독교 패션 좌파의 무책임과 자해에 관하여," 2019.06.27., 펜앤드마이크. (http://www.pennmike.com/news/articleVie w.html?idxno=20004)

Guide 1

66

　오늘 이제 말씀드리는 게 뭐냐면 혁명을 할 때 두 가지 길이 있어요. 원래 레닌[69]이나 이런 사람들이 했던 혁명은 체재를 엎어버리는 거야. (체제를) 새로 세팅하는 것을 혁명이라고 생각해. 볼셰비키[70]스타일로. 그런데 이 이후에는 뭐가 혁명이 되었냐면 체제를 엎는 게 아니에요 그래서 저 마오가 중요하다. 왜냐면, 저분이 맑스랑 달라. 그 다른 지점이 유럽에서 터진 이 혁명의 스타일이 바뀌는 아주 결정적인 포인트예요. 그게 뭐냐면 '의식이 존재를 규정한다.' 이렇게 나온 거야. 사람이 바뀌어야 해. 혁명이 성공하려면 체제를 바꾸는 걸로 안 되고 사람이 바뀌어야 돼. '인간 개조의 용광로.' 그런데 인간이 개조가 안 돼. 아무리 이야기해도 개조가 안 돼. 그러니까 어떻게 돼요? 부르주아 문화에 물든 애들. 저 같은 애들을 죽이면 돼. 그러니까 나중에 어떻게 되냐면. 아니 왜 설득하고 있어. 죽이면 되는데. 시간 아깝게. 이렇게 되는 거예요. 이해가 되세요? 어떻게 인간을 이렇게 파리처럼 죽일 수 있는지 아세요? 그게 바로 사상의 문제예요. 무섭죠. 저 가운데 꼬맹이들 보세요. 쟤들이 홍위병[71]이잖아. 그런데 저게 유럽을 강타했다니까. 유럽의 젊은이들이 저기에 열광하는 거예요.

99

69) 블라디미르 레닌 (Vladimir Il'ich Lenin, 1870~1924). 러시아의 혁명가·정치가. 소련 최초의 국가 원수. 러시아 11월 혁명(볼셰비키 혁명)의 중심인물로서 러시아파 마르크스주의를 발전시킨 혁명이론가이자 사상가. 무장봉기로 과도정부를 전복하고 이른바 프롤레타리아 독재를 표방하는 혁명정권을 수립한 다음 코민테른을 결성함. (두산백과)

70) 볼셰비키(Bolsheviki). 구소련 공산당의 별칭. 다수파(多數派)라는 뜻으로 과격한 혁명주의자 또는 과격파의 뜻으로도 쓰임. (두산백과)

71) 홍위병(Red Guards, 紅衛兵). 중국 문화대혁명(1966~1976)의 일환으로 준군사적인 조직을 이루어 투쟁한 대학생 및 고교생 집단. (두산백과)

122

“

이분이 누구냐면 빌헬름 라이히예요. 빌헬름 라이히. 그런데 이분이 프로이트와 막스를 결합하신 분이야. 성정치·성혁명의 원조야. 이분이 왜 중요하냐 그러면 이분 당대에는 별로 조명을 못 받다가 시간이 한참 지나서 68혁명 때 대박이 났어요. 왜냐면 진짜 혁명은 성혁명이다. 이렇게 된 거예요. 그러니까 성적 금기가 인간을 얼마나 억압하느냐 이 문제가 보세요. 맑스는 사회구조나 이런 거를 잘 분석했는데 인간을 분석하지 못했다. 그런데 프로이트[72]는 인간의 내면을 잘 분석했다. 정신분석이니까. 그런데 이분이 프로이트 제자거든요. 이 두 개를 합치면 완벽하다. 이거예요. 사회도 분석하고 인간도 분석하고. 그래서 합쳤더니 인간의 해방의 길에는 성해방이 전제다. 그러니까 성해방을 위해서 성정치를 하고 성해방이 되면 인간이 해방되는 거예요. 그 이론을 구성한 거예요.

그러니까 제가 우리 크리스천들의 궁금증을 해소해 준 게 “교수님 왜 EBS에서 음란 방송을 하죠?” 그래서 “빌헬름 라이히가 있습니다.” 그랬더니 그때부터 아~ 이렇게 되는 거야. 그러니까 왜 음란한 게 인권이 되죠? 교육방송이 왜 그런 걸 방송하면서 인권 방송이라 주장하죠? 그게 다 사상적 배후가 있었다는 거예요 이렇게. 그러니까 (성혁명하자는 분들에 의하면) 청소년들의 성을 억압하면 안 됩니다. 청소년들의 권리예요. 그래서 마음껏 추구하는게 권리고 그걸 저지하는 부모는 매우 반 인권적인 사람이겠죠. 그렇게 구성이 됩니다.

”

자본주의 체제를 무너뜨리기 위해선 그 체제를 만들고 유지하는 가정, 국가가 무너져야 하고 그 가정과 국가를 지탱하는 교회가 무너

---

72) 지그문트 프로이트 (Sigmund Freud, 1856~1939). 오스트리아의 생리학자, 정신병리학자, 정신분석의 창시자. (철학사전, 중원문화)

지지 않으면 안 됩니다. 교회가 가정과 국가, 그 사회에 가지는 헤게모니(영향력)를 무력화시키는 데에는 교회가 가르치는 윤리와 정면으로 맞서는 동성애를 전면에 내세우는 것이 가장 효과적입니다. 동성애는 하나님의 창조질서를 부정함으로써 직접적으로 교회를 무너뜨리고 또 인간을 인간답게 하는 최소한의 선(윤리)을 파괴함으로써 간접적으로 교회가 가지는 영향력을 무력화시켰습니다.

여기서 딱 뭐라고 합니까? "우리의 주적은 기독교다." 딱 나오잖아. 그런데 아니라는 애들이 있어. 이러니까 야 본토에서 이 분 저자가 두 명인데 한 분이 누구야. 콜린 윌슨, 런던 프라이드(퀴어행진) 그거 기획자야. 너희들이 그거 따라서 지금 퀴어 축제하는 거잖아. 그런데 너희들이 배우는 왕 형님, 본토의 형님이 말씀하시잖아. 기독교가 우리의 적이라고. 어? 그래서 이거 기독교를 쓰러뜨려야 우리가 원하는 세상이 온다. 그러니까 여기서 뭐라고 그랬어요? 노라 칼린[73]이. 피를 토하면서. 피 토했는지 몰라. 사실은. 또 가짜 뉴스라고 그러면 안 되니까. 피를 토하면서 뭐라고 했어요? 칼린이? 아니 자본주의를 어떻게 끝장내냐? 이거 좀 봐라. 이렇게 이야기하잖아요. 어? 아니 지긋지긋한 자본주의를 지탱하는 국가, 교회, 가정 이걸 어떻게 끝장낼 수 있냐? 다 해봤다. 안되지 않냐. 정신 차려라. 그러면서 뭐예요? 그걸 유지하는 강력한 이데올로기가 있지 않냐. 그게 뭐예요? 기독교지. 기독교지. 그걸 끝장을 안 내고서 어떻게 자본주의와 싸우려고 하냐? 교회를 놔두고서. 지금 그렇게 이야기하잖아요. 지금.[74]

---

73) 노라 칼린 (Norah Carlin). 영국 미들섹스대학교 역사학 부교수이자 동성애 정치 투쟁가.

74) 노라 칼린, 콜린 윌슨, 이승민 · 이진화 옮김, 『동성애 혐오의 원인과 해방의 전망』, 책갈피, 2016.

그런데 우리의 승리는 어디에 있었어요? 이걸(동성애를) 내세워서 법을 세팅하니까 어 교회가 없어지더라. 그 강력했던 애들이. 그거 고백하고 있잖아. 그러면서 표지에 둘이 뽀뽀하고 좋아가지고. 아니 그런데 이 책이 지금 버젓이 팔린다니까.

Guide 4

저분이 그람시인데 제가 한때 과거에 회심 전에 좋아했던 분이에 요. 그러니까 기동전[75]과 진지전[76],이게 뭐냐면 기동전이라는 거는 말 그대로 특공대가 가서 확 흔들어가지고 접수하는 거예요. 그런데 종교개혁에 빛나는 전통을 갖고 있는 동네는 기동전으로 접수가 안 돼요. 진지화되어 있어. 이게 엄청나게 견고해요 이 진지가. 쉽게 들 어갈 수 없고 들어가도 깰 수가 없어. 그러니까 어떻게 돼? 장기전 이다. 그러니까 기동전과 진지전을 병행하면서 이 진지가 깨질 때까 지 전쟁을 벌이는 전투에요 이게. 그러려면 어떻게 해야 돼? 아주 오 랜 시간의 공을 들여야 해 이 진지가 깨지도록. 이게 뭐냐면 "교회 학 교 정부를 장악하라" 그러니까 일단 침투시켜 그래서 확산시키고 이 런 과정을 계속 거쳐야 됩니다.

---

75) 기동전(機動戰, Maneuver Warfare). 기동력, 화력 및 지형의 이점을 이용하여 선제를 획득하고 이를 계속 유지하기 위해 피아간에 신속한 기동으로 전개하는 전투 형태. (군사용어사전, 일월사각)

76) 진지전(陣地戰, Position Warfare). 기동전과 상반되는 용어로서 방어전이 주로 고정된 진지에만 국한되는 전투. 진지전은 방어를 위주로 한 것이며 적으로 하여 금 전략지역 내에 침입하지 못하게 하며 완강히 구축된 진지에 대하여 공격케 함으로써 적 전투력을 와해 또는 소모케 하는 전투. (군사용어사전, 일월사각)

Guide 5

66

　　종교개혁 이후에 영국과 독일의 특징이 뭐냐 그러면 법치가 정착되는 겁니다. 그러니까 법치는 사실 굉장히 기독교적입니다. 하나님의 통치 방식이고. 그러니까 종교개혁 전통이 강해서 그 삶의 방식과 윤리와 세계관과 가치관이 내면화된 사람들은 법을 중시해요. 그러니까 어떻게 돼요? 법을 파고들어서 법을 장악하면 혁명이 완성이 됩니다. 그렇게 해가지고 법치와 법에 대한 존경이 강한 사회에 아예 체제를 바꿀 필요가 없이 법에 침투해서 법의 속성을 바꿔버리니까 끝장났다. 그런데 그 법의 속성을 어떻게 바꾸냐면 하나님 대적하게끔 만드는 거예요. 무신론과 유물론에 기반한, 하나님을 대적하는 그런 것들로 딱 채우니까 어떻게 돼요? 팍 무너져버리는 거야.

　　그러니까 그 나라의 헌법이 그 공화국인 거예요. 헌법을 바꿨다는 이야기는 그 나라의 기본 속성이 바뀌었다는 이야기인데 세속 국가의 기본적 성격을 하나님을 대적하는 국가로 만들 수 있습니다. 거기에 성공한 거다 그거예요. 그러니까 이게 무시무시한 거다 그 말이에요. 영국은 어떻게 되었어요? 망했지 뭘 어떻게 돼. 그러니까 국가의 성격이 바뀌었잖아요. 자유를 중시하는 나라였는데 자유를 억압하고도 괜찮은 나라로 변신했다. 이때 주로 역할을 뭐가 했냐? 동성애를 내세웠지.

99

Guide 6　동성애는 그것을 앞세울 때 법을 바꾸는 강력한 수단이 됩니다. 강력한 정치수단으로 이용된다는 측면에서 동성애 문제는 다른 윤리적 문제와 전혀 다릅니다.

66

　　누가 "지금 우리 그냥 사랑하게 해주세요. 그냥 내버려 두면 안 되겠니? 크리스천의 사랑으로." 이러는 거야. 아니 그냥 자기들끼리 사랑하게 해 주세요 이러면 한국에서 법이 그걸 못하도록 무슨 제재를 합니까? (현행법은 문제 삼지 않습니다.) 그런데 지금 애들은 그걸 내세워서 뭘 한다고? 자유를 억압하려고 하잖아. 법체계를 바꾸려고. 아니, 심지어는 헌법을 개정하려고 들었잖아요. 그걸 생각해 보라는 거예요. 이게 얼마나 무시무시한 건지.

   그래서 제가 법철학자니까 하나님의 정의와 공의를 정의론 관점에서 설명해 주다가. 어떤 김O주 목사님을 비판했는데 아니 이분이 뭐 말씀에 생리하는 것도 하지 말라고 나오는데 왜 동성애만 가지고 그래? 그래가지고 제가 그랬어요. 생리하는 것 갖고 헌법을 개정합니까? 아니, 지금 이 사람들은 국가의 기본법인 헌법에 손대자는 거잖아 지금. 그걸(동성애를) 내세워서. 이해가 되세요? 그런데 그걸 가만히 있자고 하는 게 말이 됩니까 그게.

PLI 성경적세계관
Study Club 기본 추천도서

입문

아브라함 카이퍼
리처드 마우, SFC

경제

**프로테스탄트 윤리와
자본주의 정신**
막스 베버, 현대지성

**하나님을
영화롭게 하는
비즈니스**
웨인 그루뎀, CUP

역사

미국의 민주주의
알렉시스 드 토크빌,
계명대학교출판부

이승만의 네이션빌딩
김용삼, 북앤피플

🎓PLI 성경적세계관
Study Club 기본 추천도서

법정치

민주주의의 모델들
데이비드 헬드,
후마니타스

**현대정치사상의
파노라마**
테렌스 볼 외,
아카넷

**이것이 교회사다
:진리의 재발견**
라은성, PTL

코뮤니스트
로버트 서비스,
교양인

문화제도

**교회 해체와
젠더 이데올로기**
이정훈, 킹덤북스